WIEDERHEIRAT IST EHEBRUCH
ES SEI DENN...
WAS DIE BIBEL ÜBER SCHEIDUNG
SAGT UND WELCHE SCHLÜSSE
DARAUS ZU ZIEHEN SIND

WIEDERHEIRAT IST EHEBRUCH ES SEI DENN... WAS DIE BIBEL ÜBER SCHEIDUNG SAGT UND WELCHE SCHLÜSSE DARAUS ZU ZIEHEN SIND

David Pawson

Anchor Recordings

Copyright © 2011, 2013, 2025 David Pawson Ministry CIO

Für die Originalausgabe nimmt David Pawson für sich in Anspruch, als Autor dieses Werkes anerkannt zu werden. Gemäß Copyright, Design and Patents Act 1988.

Original title in English: *Remarriage is Adultery Unless…*
Zuerst veröffentlicht in Großbritannien im Jahr 2011.

Überarbeitete Ausgabe 2025 Veröffentlicht von
Anchor, ein Handelsname von David Pawson Publishing Ltd.,
Synegis House, 21 Crockhamwell Road, Woodley, Reading RG5 3LE

Übersetzung aus dem Englischen: Dr. Gudrun Wilhelm

Alle Rechte vorbehalten. Kein Teil dieser Publikation darf ohne Zustimmung des Herausgebers in irgendeiner Form oder durch irgendwelche Verfahren (elektronisch oder mechanisch, mittels Fotokopie, durch Aufzeichnung oder mit Informationsspeicherungs- und Informationswiedergewinnungssystemen) reproduziert oder übertragen werden.

Der Verleger hebt hervor, dass Teile aus dem Vorwort dieses Werkes dem Buch *Once Saved, Always Saved?* von David Pawson entstammen
Copyright © David Pawson 1996
Mit Genehmigung von Hodder und Stoughton Limited

Dieses Buch bringt die Sichtweisen und Meinungen des Autors zum Ausdruck. Sie müssen nicht in allen Fällen mit denen des Herausgebers der deutschsprachigen Ausgabe übereinstimmen.

KOSTENLOSE DOWNLOADS: www.davidpawson.org

**Um weitere Informationen zu bekommen, schreiben
Sie bitte an: info@davidpawsonministry.org**

ISBN: 978-1-917360-18-0

Printed by Ingram Spark

Inhalt

EINLEITUNG — 7

1. WAS GOTT SAGTE — 11
Die Schöpfung (1. Mose 2)
Die Zehn Gebote (2. Mose 20)

2. WAS MOSE SAGTE — 17
Über den Unterhalt (2. Mose 21)
Über die Jungfräulichkeit (5. Mose 22)
Über die Scheidung (5. Mose 24)

3. WAS DIE PROPHETEN SAGTEN — 27
Hosea 1-3
Jeremia 3
Maleachi 2

4. WAS DIE SCHRIFTGELEHRTEN SAGTEN — 33
Schammai
Hillel
Akiba

5. WAS JESUS SAGTE — 37
Seine Erläuterung (Lukas 16, Markus 10)
Seine Ausnahme (Matthäus 5,19)
Sein Beispiel (Johannes 4,8)

6. WAS PAULUS SAGTE 77
ZUM TODESFALL (RÖMER 7)
ZUR ENTHALTSAMKEIT (1. KORINTHER 7)
ZUM DIENST (1. TIMOTHEUS 3)

7. WIE DIE KIRCHE DAZU STEHT 95
DIE FRÜHKIRCHE
DIE STAATSKIRCHE
DIE KIRCHE DES MITTELALTERS
DIE REFORMATION
DIE NEUZEIT

8. WAS WIR SAGEN SOLLTEN 107
NICHT AUF DEN PRÄZEDENZFALL VERWEISEN; STATTDESSEN PRINZIPIEN ANWENDEN: SÜNDE, BUSSE, VERGEBUNG, DISZIPLIN

9. NACHWORT 125

ANHANG 129
HAT JESUS IRGENDEINE „AUSNAHME" GEMACHT?

EINLEITUNG

Ich war einst mit dem Zug auf dem Weg nach London. Der letzte Halt, an dem Reisende noch zustiegen, war bei Clapham Junction. Ein Mann trat in meinen Waggon und setzte sich ans andere Ende. Für einige Minuten starrte er mich unablässig an. Dann stand er auf und kam den Gang entlang, um sich mir gegenüber auf einen Platz zu setzen. Das Gespräch, das dann folgte, verlief – meiner Erinnerung nach – folgendermaßen:
„Ich glaube, ich kenne Sie. Sind Sie nicht Prediger?"
„Ja. Wo haben Sie mich gehört?"
„Vor fünfzehn Jahren lud mich jemand nach Guildford ein, um einen Prediger zu hören. Ich glaube, das waren Sie."
„Ziemlich sicher sogar. Sind Sie Christ?"
„Ja. [Pause] Kann ich Sie etwas fragen?"
„Ich kann nicht garantieren, dass ich Ihnen antworte. Aber wie lautet Ihre Frage?"
„Gut. Es ist Folgendes: Ich habe meine Frau verlassen. Und ich lebe jetzt mit einer anderen zusammen."
„Warum haben Sie Ihre Frau verlassen?"
„Weil ich diese andere Frau getroffen habe und mich in sie verliebt habe."
„Was wollen Sie dann von mir wissen?"
„Wenn ich mich tatsächlich scheiden lasse und diese andere Frau heirate, würde das die Sache in Gottes Augen richtigstellen?"
„Nein. Ich fürchte nicht."
„Was dann?"
„Diese Frau verlassen. Zu Ihrer eigenen Frau zurückkehren."
„Das dachte ich mir, dass Sie das sagen."
„Ich gehe davon aus, dass Jesus das Gleiche sagen würde, wenn Sie ihn fragen."
Stille. Mittlerweile verlangsamte sich der Zug schon, um in

Waterloo einzufahren. Ich erkannte, dass ich wahrscheinlich nur noch ein oder zwei Minuten mit ihm verbringen würde. Ich hoffte, Gottesfurcht in ihm entfachen zu können. Sie ist der Anfang aller Weisheit. Also nahm ich den Gesprächsfaden wieder auf:
„Sie haben eine schwierige Entscheidung zu treffen."
„Welche denn?"
„Sie können den Rest Ihres Lebens entweder mit dieser Frau verbringen oder auf ewig mit Jesus zusammenleben. Aber beides geht nicht."

Ihm schossen Tränen in die Augen. Dann sprang er auf den Bahnsteig und verschwand in der Menge. Ich fühlte ein wenig von dem, was Jesus gefühlt haben muss, als sich der reiche Jüngling von ihm abwandte. Ich betete, dass er niemals vergessen würde, was ich ihm gesagt hatte – bis er umgekehrt wäre.

Hatte ich denn das Recht, das zu sagen, was ich gesagt habe? War es die Wahrheit? Oder war es ein Versuch, ihm mit einer Fehlinformation einen Schreck einzujagen? Was er wirklich wollte, war doch Gewissheit: Die Sünde sollte ihn nichts kosten, jedenfalls nicht sein Heil. Das konnte ich ihm aber nicht zusichern.

Das Gleiche war schon ein oder zwei Monate früher passiert, nur nicht mit einer Person, sondern mit vielen Tausenden. Ich war der Hauptredner einiger Abendveranstaltungen bei Spring Harvest *[Jährliche christl. Zusammenkunft in England; Anm. der Übersetzerin]* in der Nähe von Minehead. Meine Aufgabe war es, den Brief des Paulus an die Philipper auszulegen. Als ich zu Kapitels 3 Vers 11 kam („... damit ich zur Auferstehung der Toten gelange"), wies ich darauf hin, dass selbst Paulus seine zukünftige Errettung nicht für selbstverständlich hielt. Er fürchtete mitunter, selbst „sein Heil verlieren zu können" (1. Korinther 9,27). Das untermauerte ich damals mit Texten aus dem gesamten Neuen Testament. Ich sprach daraufhin von Leuten, die Spielchen mit Gott spielten, weil sie davon ausgehen, dass sie einen Freifahrtschein in den Himmel haben. Als Beispiel führte ich Christen an, die ihren Ehepartner für einen anderen verlassen, egal, ob sie nur mit dem neuen Partner „zusammenleben" oder die Scheidung einreichen und wieder heiraten. Viele solcher Leute kommen regelmäßig in die Gemeinde. Sie behaupten, Gott würde ihre neue Beziehung segnen. Sie gehen davon aus, in den Himmel zu kommen. Aber Sünde bleibt Sünde. Es macht keinen Unterschied, ob ein Gläubiger oder ein Ungläubiger sie begeht. Gott hat keine Lieblingskinder. Wir sind zwar durch den Glauben gerechtfertigt, aber wir werden gemäß unserer Werke beurteilt.

Meine kurzen Erläuterungen verursachten fast einen Aufruhr! Ein Mann vom Bühnenteam sprang am Ende meiner Rede auf und schrie immer wieder: „Nichts kann uns von der Liebe Gottes in Christus Jesus trennen." Er forderte die Musiker dazu auf, für uns einen Refrain anzustimmen, der auf diesem Vers basiert.

Dann fing einer der Sponsoren an, für mich und meine bemitleidenswerte Frau zu beten. Denn David „liegt mit dem, was er sagt, nicht immer ganz richtig". Roger Forster brachte damals die Lage unter Kontrolle, indem er das Mikrofon nahm und sagte, wir sollten die Botschaft überdenken, nicht den Botschafter angreifen. Er startete einen Aufruf, zum Altar zu kommen. Dem folgten die Leute, angeführt von sieben Männern, die unter Tränen nach vorne gingen. Es war gewaltig. In der Situation gab es kaum genug Seelsorger. Ein Verantwortlicher erzählte mir später, dass es in ihrer Seelsorge noch nie dermaßen aufrichtige Buße gegeben hatte.

Die Verbreitung der Audio-Aufnahme meines Vortrages wurde untersagt. Man gab sie erst frei, nachdem ich mehrere Male dagegen protestiert hatte. Allerdings wurde zuvor noch ein „erläuternder Kommentar" angefügt. Darin wurde erwähnt, dass ich aufgrund von Zeitmangel nicht in der Lage war, meine Äußerungen tiefgründig auszuführen. Das war aber einfach nicht wahr.

So endete meine Karriere bei Spring Harvest. Dass ich den Spruch „Einmal gerettet, immer gerettet" in Frage stellte und gleichzeitig Christen, die ihre Ehepartner für andere verlassen, der Sünde bezichtigte, empfand man als „zweifaches Unglück". Das war eindeutig zu viel. In mir aber weckte es den Drang, zwei Bücher zu schreiben. Sie sollten diese wichtigen Glaubens- und Verhaltensfragen abhandeln.

Das erste war *Once Saved, Always Saved? [Einmal gerettet, immer gerettet?; Anm. der Übersetzerin]*, das von Hodder und Stoughton im Jahr 1996 veröffentlicht wurde (Dem wurde die bisherige Einleitung mit Genehmigung entnommen.).

Jetzt, fünfzehn Jahre später, liegt hiermit das zweite Werk vor. Das zu verfassen war um einiges schwieriger. Daher rührt die Verzögerung. Es gab ja bereits auf beiden Seiten des Atlantiks viele andere Bücher zu diesem Thema. Die meisten davon habe ich gelesen. Einige der Autoren habe ich sogar persönlich kontaktiert. Ich führte mitunter erbauliche Diskussionen. Aber, was so lange gedauert hat, war nicht die Forschungsarbeit, sondern die Suche nach meinen eigenen Überzeugungen. Ich brauche wohl nicht extra zu erwähnen, dass die hier vorgetragene Meinung meine ganz eigene ist und nicht die eines anderen. Sie ist sicher auch nicht der Weisheit letzter Schluss. Aber hoffentlich hilft sie den Lesern, sich ein eigenes Bild zu machen.

Noch ein Kommentar zum Schluss: Wer es bisher gewagt hat, zur vorliegenden Thematik Vorbehalte zu äußern, wurde im schlimmsten Fall als hart und grausam abgestempelt. Im besten Fall hielt man ihn für hart und gefühllos. Wenn die eigene Ehe stabil ist, wird einem nachgesagt, dass man das Trauma einer gescheiterten Beziehung nicht nachvollziehen kann. Eins aber will ich den Lesern versichern, nämlich, dass unsere Familie leider zu der steigenden Zahl derer gehört, die den Schmerz, ja die Qual, einer kaputten Ehe bei nahen Verwandten und Freunden miterleben musste. Insofern wird die emotionale Belastung durch die Veröffentlichung dieses Buches vermutlich noch zunehmen. Aber in diesem Fall muss ich meine Sorge für die Gemeinde, innerhalb der die Zustände zunehmend schlechter werden, über alles andere stellen.

1

WAS GOTT SAGTE

Gott selbst hat den Geschlechtsverkehr erfunden. Deshalb ist er zweifellos eine „gute" und gleichzeitig gewaltige Idee. Denn Sexualität ist ein wichtiger Faktor. Sie prägt die Beziehungen zwischen den Geschlechtern seit jeher.

Da ist es kaum verwunderlich, dass die Bibel von der ersten bis zur letzten Seite eine Menge zu dieser physischen und emotionalen Triebkraft sowie ihrem Missbrauch zu sagen hat, angefangen bei 1. Mose bis hin zur Offenbarung. Alle Gaben Gottes können zum Guten oder zum Schlechten verwendet werden. Da wäre es erstaunlich, wenn der gute Herr uns nicht genau mitgeteilt hätte, wie wir damit umgehen sollen. Zweck der hier vorliegenden Erörterungen ist es nun, diese Anweisungen einmal genauer unter die Lupe zu nehmen.

Wir fangen dort an, wo die Bibel auch anfängt, nämlich bei der Erschaffung von Himmel und Erde und von all dem, was auf der Welt existiert. Bezeichnenderweise ging das Ganze von zehn Geboten aus („Es werde ..."). Sie wurden vom Thron des Himmels ausgesprochen und durch den Geist Gottes auf der Erde ausgeführt.

Pflanzen und Tiere konnten sich bereits vorher vermehren, meist aufgrund von sexueller Fortpflanzung. Dass sich die Gattung Mensch in zwei Geschlechter aufteilt, ist auf das besondere göttliche Ebenbild zurückzuführen. Jeder Einzelne, Mann und Frau, trägt es in sich. Als Ehegemeinschaft spiegeln es beide gemeinsam wider, als zwei Personen in einer.

Lassen Sie uns einen Moment innehalten und überlegen, wie und wann die Schöpfungsgeschichte mit ihren auffälligen poetischen und mathematischen Einzigartigkeiten offenbar wurde. (siehe dazu Kapitel 2 in meinem Kompendium Unlocking The Bible, Harper Collins, 2003.). Vor Mose scheint keiner davon gewusst zu haben. Denn weder Adam noch Abraham hielten beispielsweise den Sabbat. Weil es niemanden gab, der die Anfänge hätte beobachten können, muss es eine göttliche Inspiration gewesen sein, die jemandem zu einem späteren Zeitpunkt zuteilwurde. Vieles deutet darauf hin, dass dies Mose war.

Mit der Einführung von Geographie und Geschichte (in 1. Mose 2,4) kommt ein noch nie da gewesener Stil in die Erzählungen. Auch spielt in dem Bericht die menschliche Erinnerung eine zunehmend wichtigere Rolle – in jenen Tagen vor der Abfassung der Schrift eine durchaus nützliche Gabe. Zudem wechselt die Gesamtperspektive von einer himmlischen zu einer irdischen. Zum ersten Mal wird die Sexualität in Zusammenhang mit Gott erwähnt. Die dazugehörigen Leitlinien finden sich allerdings erst im irdischen Kontext (2,24-25).

Hier müssen wir den Hintergrund betrachten: Eva wurde geklont, um für Adam eine passende Hilfe zu sein. Sie wurde nicht nur zeitlich nach ihm „geschaffen", sondern auch aus ihm und für ihn. All diese drei Punkte werden im Neuen Testament immer wieder aufgegriffen. Hinzu kommt, dass Adam dafür zuständig war, ihr einen Namen zu geben. Im Anschluss folgen die Vorgaben für die Beziehung zwischen beiden. Sie sollten für alle Zeiten gelten.

Erstens, die Ehe soll eine heterosexuelle Beziehung zwischen Mann und Frau sein.

Zweitens, die Ehe ist grundsätzlich eine monogame Beziehung zwischen „einem Mann" und „seiner Frau", besser gesagt, zwischen einem einzigen Mann und einer einzigen Frau. Denn Polygamie war nie der Wille Gottes.

Drittens, die Ehe bedeutet eine permanente Beziehung. Zwischen Adam und Eva hätte sie auf ewig gehalten, wäre nicht aufgrund des Sündenfalls der Tod ins Spiel gekommen. Nichtdestotrotz heißt es „bis dass der Tod uns scheidet". Ab jetzt (von Adams Söhnen an) muss man stets eine Familie „verlassen" und „jemand anderem anhangen", damit man mit einem Menschen zusammenkommen und eine neue Familie gründen kann. Dieses „Anhangen" hat begrifflich etwas mit „kleben" zu tun. Einfach gesagt: Mann und Frau „pappen" aneinander!

Viertens, die Ehe stellt eine Beziehungseinheit dar. Die beiden werden „ein Fleisch". Das beinhaltet viel mehr als nur zwei miteinander verbundene Körper. Das Paar wird zu einer Gesamteinheit, nicht nur auf körperlicher Ebene. Es geht tiefer. Es entsteht eine lebenslange Zusammengehörigkeit.

Die beiden Verse sind entscheidend für die weiteren Schriftzitate. Nicht nur Jesus zitierte sie wörtlich, Paulus tat das Gleiche. Beide erachteten sie als Grundlage ihrer Lehre in zwischengeschlechtlichen Angelegenheiten. Das werden wir uns jedoch noch genauer anschauen.

Bevor wir weitergehen, müssen wir Folgendes festhalten: Es ist schlicht falsch, hier von einem „Ideal" Gottes zu sprechen. Denn dieses Wort impliziert, dass es sich dabei um ein Ziel handelt, das erreicht werden sollte. Aber tatsächlich geht es um einen Standard, den es unbedingt einzuhalten gilt. Das Wort „Wille" Gottes beschreibt es besser. Denn damit wird auf ein Prinzip verwiesen.

In diesem Kapitel befassen wir uns zudem mit den so genannten „Zehn Geboten". Es wurde ja schon gesagt, dass sie einer einzigen Person anvertraut wurden, nämlich Mose, vermutlich sogar zeitgleich mit der Schöpfungsgeschichte. Sie wurden von Gott mit eigener Hand niedergeschrieben (2. Mose 31,18, vgl. Johannes 8,6). Dies ist eines der Merkmale, wodurch sich die „Zehn Anweisungen" von den übrigen mosaischen Gesetzen unterscheiden (siehe Kapitel 2).

Der rote Faden, der sich durch alle zehn zieht, ist Respekt: Respekt vor Gottes Einzigartigkeit, vor seinem Namen und vor seinem Tag; Respekt vor den Eltern und vor dem Leben; Respekt vor der Ehe, vor dem Eigentum und vor der Reputation anderer Menschen. Ausschließlich das zehnte Gebot bezieht sich auf die innere Motivation anstatt auf äußerliches Handeln.

Uns beschäftigt hier das siebte Gebot. Es erklärt die Ehe für „sakrosankt" [unantastbar; Anm. der Übersetzerin]. Der Geschlechtsverkehr ist rein auf den Ehepartner beschränkt. Vorehelicher Geschlechtsverkehr mit wechselnden Partnern wird hier nicht angesprochen. Das Thema wird an anderer Stelle behandelt. Aber es gibt ein absolutes Nein zu außerehelichen Beziehungen. Denn sie gelten grundsätzlich als Rebellion gegen den Schöpfer und Erlöser Israels (Vers 2). Das wirft die Frage auf, ob Gott beabsichtigte, dass diese grundlegenden Gesetze eine breitere Anwendung finden als nur im Umfeld derer, die er aus der Sklaverei in Ägypten befreit hatte und die danach eine Nation gründeten.

Auf der Grundlage dessen, dass die Bundesvölker des Alten und des Neuen Bundes, Israel und die Gemeinde, konform sind, wird allgemein davon ausgegangen, dass sie für beide gelten. Seither waren sie Teil der Katechismen. In vielen Kirchenräumen zierten sie schmuckvoll die Wände, um die christliche Ethik hervorzuheben. Fest steht jedenfalls, dass auf die meisten der Zehn Gebote auch im Neuen Testament Bezug genommen wird.

Das vierte Gebot macht eine Ausnahme. Es betrifft die Sabbatruhe (z.B. in Römer 14,5-8, Kolosser 2,16-17). Das siebte hingegen zieht sich eindeutig durch.

Viele meinen, die Zehn Gebote sollten auch als Basis der bürgerlichen Gesetzgebung fungieren. König Alfred machte sie zum Fundament des englischen Rechts. Das sollte letztlich die „jüdisch-christliche" Kultur der westlichen Gesellschaft prägen. Es bewirkte, dass Mord, Ehebruch, Diebstahl und Falschaussage als Verbrechen eingestuft wurden. Gleichwohl waren es Sünden. Das zehnte Gebot macht es uns in dieser Hinsicht allerdings relativ schwer!

Auf jeden Fall hat derjenige, der die Sexualität erfunden hat, ihr strenge Beschränkungen auferlegt. Kurz zusammengefasst: außerhalb der Ehe absolute Enthaltsamkeit und innerhalb der Ehe absolute Treue.

2

WAS MOSE SAGTE

Vielleicht erscheint es seltsam, das mosaische Gesetz in einem gesonderten Kapitel zu behandeln, getrennt von den Zehn Geboten. Denn beide werden mit seinem Namen in Zusammenhang gebracht. Doch beide unterscheiden sich auch ganz deutlich. Insofern ist es eine Möglichkeit, auf bestimmte Sachverhalte aufmerksam zu machen.

Wir haben bereits erwähnt, dass Gott die Zehn Gebote persönlich aufschrieb; Mose notierte die sechshundertunddrei anderen. Die einen wurden auf dem Gipfel des Sinai, die anderen am Fuße des Berges aufgezeichnet bzw. irgendwo auf dem Weg zum verheißenen Land Kanaan. Man könnte es auch so formulieren: Gott gab Mose die ersten zehn Gebote, die übrigen gab er *durch* ihn. Trotzdem, alle sollten dem gleichen Volk zugutekommen.

Grundsätzlich war es Moses Hauptaufgabe, die grundlegenden zehn Prinzipien zu interpretieren und zur Anwendung zu bringen, besonders die letzten sechs. Allerdings hat er viel Neues hinzugefügt. Aber der gravierende Unterschied liegt in der Art und Weise, wie die Gesetze artikuliert sind. Es gibt einen klaren Trend vom „apodiktischen" zum „kasuistischen" Stil. Das sind die jeweiligen Fachbegriffe. Das heißt, aus dem unmissverständlichen „Du sollst nicht ..." wird ein an Bedingungen geknüpftes „Wenn du das tust, dann ...". Es vollzieht sich ein Wandel von absoluten Verboten zu relativen Vorschriften, bei denen die Umstände berücksichtigt werden. Damit wird es viel detaillierter.

Ein weiterer Fakt ist die Ganzheitlichkeit des „Gesetzes" bzw. der „Tora" (= Weisung), wie man auf Hebräisch sagt.

Das ganze Leben wird dadurch reguliert: Essen, Kleidung, Ehe, Kriegsführung usw. Es gibt zudem keinen Unterschied zwischen „geistlichen" und „säkularen" Aspekten des Seins. Zeremonielle, zivile und moralische Gesetze sind in ein und dasselbe Rechtssystem integriert. Wer eine Bestimmung übertritt, missachtet deren Gesamtheit (5. Mose 27,26, vgl. Matthäus 5,19, Galater 3,10, Jakobus 2,10). Ein westlich geprägter Verstand will hier klassifizieren und die Dinge separat behandeln.

Die Zehn Gebote sind klipp und klar auf das Individuum gerichtet: *„Du* sollst ... / *Du* sollst nicht ...". Im Gegensatz dazu fokussieren sich die mosaischen Gesetze auf die Gemeinschaft. Das gesellschaftliche Leben des Volkes ist der zentrale Mittelpunkt. Teil davon ist die Verantwortung der Allgemeinheit, Fehlverhalten zu ahnden. Der unbestreitbare Sinn dahinter ist, der Welt eine heilige, gesunde und insofern auch glückliche Gesellschaft zu präsentieren, etwas, was sie selbst nicht erreichen kann.

Es gibt verschiedene Sanktionen, die verhängt werden können. Übrigens, die einzige Strafe, die nirgends erwähnt wird, ist die Inhaftierung.

Nach diesen Vorbemerkungen wenden wir uns nun drei Zitaten zu, die mit unserem Scheidungs- und Wiederverheiratungsthema in Verbindung stehen. Um alles in vollem Umfang nachvollziehen zu können, wird der Leser an dieser Stelle gebeten, eine Bibel offen neben sich zu legen. Lesen Sie zuerst den entsprechenden Text, bevor Sie die Kommentare dazu durchgehen.

2. Mose 21,7-11 (lesen)

Diese Passage dreht sich um die Versklavung von Frauen, speziell um den Verkauf einer Tochter als Ehefrau. Wenn ihr Mann nicht mehr mit ihr zufrieden war, durfte er sie nicht frei auf dem Markt verkaufen. Denn dort könnte sie ein Ausländer für sich erwerben (wie Joseph). Möglich war aber, dass ein Landsmann sie für einen bestimmten Preis „loskaufte". Oder sie konnte einem Sohn übergeben und dessen Angetraute werden.

In diesem Fall mussten ihr alle Rechte einer Tochter eingeräumt werden. Eine dritte Option war, mit ihr zusammen zu bleiben und eine zweite Frau zu ehelichen (Mose sprach kein Verbot der Bigamie aus.). Dann mussten der ersten Ehefrau allerdings weiterhin jegliche Ansprüche auf Lebensunterhalt, Kleidung und ehelichen Geschlechtsverkehr erfüllt werden. Falls nicht, hatte sie das Recht, ohne eine Zahlung von Lösegeld freizukommen.

Dieser letzte Aspekt war kürzlich Thema einer christlichen Erörterung in Bezug auf Scheidung. Der Argumentationsstrang lautete wie folgt: Gesetzt den Fall, eine Sklavin kann freikommen, falls ihrem Recht auf Versorgung, Kleidung und Sexualität nicht nachgekommen wird, dann gilt das Gleiche doch sicherlich für alle anderen Frauen, einschließlich der christlichen. Angenommen, dies sei ein plausibler Rückschluss, würden nebst der einen „Ausnahme", die Jesus machte, noch viele andere gelten. Punktum, Vernachlässigung wäre einer der Gründe, um sich *von* einer Bindung loszusagen und *für* jemand anderen frei zu werden.

5. Mose 22,13 – 23,1

Darauf wird in Diskussionen über Scheidung oft nicht eingegangen. Aber wir werden noch sehen (in Kapitel 5), wie wichtig diese Inhalte sind. Auch, wenn sie sich in erster Linie auf den vorehelichen Geschlechtsverkehr beziehen.

In der israelitischen Kultur will ein Bräutigam unbedingt eine Jungfrau als Braut. Keiner wollte je für etwas „Benutztes" aufkommen. Fand ein Mann damals heraus, dass er diesbezüglich „hinters Licht geführt worden war", war die Strafe mehr als nur empfindlich. Die Frau wurde zu Tode gesteinigt. Aber diese „grobe Art der Rechtsprechung" musste unbedingt vor Missbrauch geschützt werden.

Denn eine Falschanklage hätte als Rechtfertigung dienen können, um eine Partnerschaft, die man bereute, zügig zu beenden. Deshalb hatte der Brautvater die Pflicht, nicht allein den Ruf seiner Tochter zu wahren, sondern ihr Leben. In einem solchen Fall musste er die Angelegenheit den Zivilbehörden melden und Beweise für ihre Jungfräulichkeit erbringen (Ein Beleg war die Bettwäsche, die durch ein gerissenes Jungfernhäutchen mit Blut befleckt war.). Die Strafe für den Bräutigam, der die Lüge in die Welt gesetzt hatte, war, den Brautvater mit einer erheblichen Summe zu entschädigen und lebenslang mit dem Mädchen verheiratet zu bleiben. Eigentlich hätte er es auch einfacher haben und sich scheiden lassen können, weil er sie „nicht mehr mochte" (siehe 5. Mose 24 im nächsten Abschnitt). Aber unter diesen Umständen war das nicht mehr möglich.

Im nächsten Fall geht es um Ehebruch, also darum, dass ein Mann mit der Ehefrau eines anderen Mannes schläft. Einmal angenommen, die Sache flog auf („sie wurden ertappt"), dann mussten *beide* sterben. Nochmal! Beide *mussten* sterben. Vergebung durch den „gutmütigen" Ehemann konnte es nicht geben (im Gegensatz zu Johannes 8,3-4).

Was nun folgt, ist ein lebendiges Beispiel jüdischer Kultur. Machen Sie sich bewusst, dass „eine Jungfrau, die einem Mann versprochen ist", *bereits* als dessen Ehefrau galt. Wer mit ihr schlief, beging Ehebruch. Denn zu jener Zeit wurde eine Verlobung viel ernster genommen als heutzutage. Das heißt aber auch, wer sich trennte, bevor die Ehe vollzogen war, „ließ sich scheiden" (Vgl. die Situation von Joseph und Maria, Matthäus 1,18-19). Ein so gearteter Fall des „Ehebruchs" verlangte ebenfalls den Tod beider Beteiligten.

Natürlich hing alles davon ab, ob der voreheliche Geschlechtsverkehr einvernehmlich oder erzwungen stattgefunden hatte. Wenn es innerhalb von Stadtgrenzen passiert war und die Frau nicht um Hilfe gerufen hatte, ging man davon aus, dass sie damit einverstanden gewesen war. Denn sie wäre leicht zu hören gewesen. Man hätte ihr schnell geholfen. Wenn es auf dem Feld geschehen war, wo niemand die Schreie gehört hätte, wäre man im Zweifel für die Angeklagte gewesen. Man hätte angenommen, dass sie vergewaltigt worden wäre.

Gesetzt den Fall, sie wäre dem Mann noch nicht als Ehefrau versprochen gewesen, wäre keine Todesstrafe über beide verhängt worden. Wurden sie entdeckt, mussten sie aber heiraten. Der Bräutigam hatte dann die Pflicht, den Brautvater mit einer angemessenen Summe zu entschädigen.

Am Ende beschäftigt sich dieser Abschnitt noch mit der verbotenen „Verwandtenheirat", speziell mit einem Mann, der sich die Frau seines Vaters nahm (Dabei konnte es sich um seine eigene Mutter handeln, musste es aber nicht. Siehe 1. Korinther 5,1.).

Was bei all dem für uns als wichtig erscheint, ist, dass Geschlechtsverkehr vor der Ehe in den allermeisten Fällen mit dem Tod geahndet wurde. Falls einer von beiden auch nur verlobt war, wurde es wie Ehebruch bestraft.

5. Mose 24,1-4 (bitte vorab durchlesen)

Anders als das vorangehende Teilstück, das wir zuvor untersucht haben, wird dieses stets in die Debatte eingebracht. Denn im mosaischen Gesetzestext werden an dieser Stelle Scheidung und Wiederheirat ein einziges Mal in direktem Zusammenhang erwähnt.

Es ist ganz entscheidend, sich vor Augen zu führen, was hinsichtlich des Themas *nicht* gesagt wird. Scheidung wird hier weder erlaubt noch verboten. Man akzeptierte einfach, dass sich Männer von ihren Frauen scheiden ließen und andere heirateten. Es wird die übliche Maßnahme erwähnt, nämlich, ihr einen Scheidebrief auszustellen (Ob dieser den Scheidungsgrund enthielt oder nicht, wird uns nicht übermittelt. Insofern hatte sie aber den Beweis, dass sie wieder frei war und erneut heiraten konnte.). Damit entließ er sie aus seinem Haus. Das war alles, was es brauchte. Beachten Sie, dass sie in dem geschilderten Fall einen zweiten Ehemann fand, der sich genauso von ihr trennte.

Was allerdings verboten war, war eine dritte Ehe mit dem ersten Ehemann. Zu ihm konnte sie nicht zurückkehren. Sie musste jemand anderen finden. Es würde Gott beleidigen, wenn sie zu ihrem ursprünglichen Ehemann zurückkehren würde. Außerdem würde es das ganze Land verunreinigen – in welcher Weise auch immer. (Wie genau, darüber können wir nur spekulieren. Aber in dieser Hinsicht müssen wir einfach auf Gottes Wort vertrauen.).

Das ist alles, mehr nicht! Es ist ganz erstaunlich, dass es sich in der Diskussion über die Anwendung dieser Textstelle immer wieder um Scheidung dreht. Das ist jedoch gar nicht der Inhalt. Das war wahrscheinlich auch überhaupt nicht das Anliegen von Mose. Es gibt auch keinen Hinweis, dass Mose eine Scheidung auf die genannten Gründe beschränkt hätte.

Die erste Scheidung wurde ausdrücklich begründet, allerdings mit einer rätselhaften Angabe, die nicht leicht zu übersetzen ist. Sie hat einen gewissen negativen Unterton: unanständig, unrein, nackt. Das könnte sich auf einen Makel oder sogar auf eine Deformität beziehen, die nur für den Ehemann im Anschluss an die Hochzeit erkennbar war. Das weiß keiner genau. Es spielt auch gar keine Rolle. Die eine Sache, von der wir sicher ausgehen können, ist, dass es sich nicht um Ehebruch handelt. Denn die einzige, dafür vorgesehene Konsequenz wäre die Todesstrafe gewesen, nicht die Scheidung. Was aber jegliche Diskussion überflüssig macht, ist die Tatsache, dass ihre zweite Scheidung, die genauso hingenommen wurde, aus keinem anderen Grund geschah, als, dass ihr Ehemann eine „Abneigung" ihr gegenüber empfand. Warum er sie nicht mehr mochte, ist nicht ersichtlich.

Man könnte es dabei belassen. Doch spätere jüdische Schriftgelehrte gaben sich damit nicht zufrieden. Wie wir noch sehen werden (in Kapitel 4), nutzten sie diesen Text auf eine Weise, für die er nie vorgesehen war. Sie versuchten damit, die Rechtmäßigkeit einer Scheidung zu belegen, selbst Jesus gegenüber. Auch Christen haben sich dazu hinreißen lassen. Das betrifft besonders diejenigen, die meinen, diese Gesetze gelten nicht nur für Israel, sondern auch für die Gemeinde. Dieser Annahme müssen wir nachgehen, bevor wir dieses Kapitel beschließen. Doch für den Moment können wir diesen Abschnitt auf folgende Weise zusammenfassen: Es gab nur einen einzigen Umstand, der Mose zufolge eine Wiederheirat nach der Scheidung ausschloss: eine Zweitehe mit dem ersten Mann.

Beachten Sie, dass nicht ein einziges Mal eine Frau erwähnt wird, die sich von ihrem Ehemann scheiden lässt. Daran hat niemand auch nur einen Gedanken verschwendet.

Zum Schluss sind zwei Fragen allgemeiner Art zu stellen. Die erste ist die nach der Bedeutung und dem Wert einer solchen Regelung für das Funktionieren der Gesellschaft. Die zweite ist die nach der Gültigkeit, das heißt, sind die Regelungen aus dem „Alten" Bund für jemanden aus dem „Neuen" überhaupt verbindlich?

Gesellschaftlich schädigende oder unmoralische Verhaltensmuster müssen in jeder Gemeinschaft kontrolliert werden, auch wenn es nur darum geht, ihren Einfluss möglichst gering zu halten. Dass sie unter bestimmten gesetzlichen Einschränkungen zugelassen sind, ist kein Beweis für ihre Berechtigung. Ein Beispiel: Wenn Bordellen oder Casinos eine Lizenz erteilt wird, heißt das nicht, dass man in Prostitution oder Glücksspiel einen sozialen Gewinn sieht. Vielmehr ist es eine Möglichkeit, diese Gewohnheiten unter Kontrolle zu halten und in gewisser Weise auch einzuschränken. In Anbetracht dessen, dass die gefallene menschliche Natur diese Dinge sowieso tun will, ist es besser, eine öffentliche Aufsicht darüber zu haben als gar keine. Dasselbe Argument wird auch von einigen Abtreibungsbefürwortern verwendet. Ihnen geht es darum, dass ein Schwangerschaftsabbruch lieber unter professionellen Rahmenbedingungen durchgeführt wird, als dass Hinterhofamateure herumpfuschen. Aber mit all diesen Gesetzen läuft man Gefahr, dass auf naive Weise angenommen wird, dass „alles, was legal ist, auch legitim sein muss".

Freilich ist es unvermeidlich, dass man mit dieser Art der sozialen Gesetzgebung stets einen moralischen Kompromiss eingeht. Dabei bedeutet Akzeptanz nicht zwangsläufig Zustimmung. Mose duldete Sachen wie Sklaverei und Polygamie: Sie waren Teil des gemeinschaftlichen Gefüges seiner Zeit. Deshalb wurden Gesetze verabschiedet, um dieses Gebaren zu regulieren. Das heißt aber mitnichten, dass Gott diese Dinge befürwortet. Dies gilt besonders für seinen Umgang mit Scheidung. Wir werden noch sehen, dass Jesus selbst eine klare Trennung vornahm zwischen der Absicht Gottes und dem Zugeständnis, das Mose zugunsten der menschlichen Schwäche machte (Markus 10,5). Wir müssen uns das bewusstmachen und dieses Muster übernehmen.

Das führt uns zur zweiten Frage: Wie sollten Christen die Gesetze des Mose anwenden und wie verbindlich sind sie für Nachfolger Jesu? Die Meinungen gehen hier auseinander, von absolut bindend bis überhaupt nicht relevant. Das hängt wiederum davon ab, ob die Beziehung zwischen Israel und der Gemeinde als Kontinuität oder als Bruch verstanden wird. Dahinter steht die grundlegende Problematik, inwiefern das „Alte" Testament mit dem „Neuen" zusammenhängt. Die Namen der beiden Teile unserer Bibel weisen uns in eine falsche Richtung. Da „Testament" und „Bund" als Synonyme behandelt werden, könnte man annehmen, dass es nur zwei Bündnisse in der Schrift gibt. Dabei gibt es mindestens fünf große: Der Bund mit Noah, der Bund mit Abraham, der Bund mit Mose, der Bund mit David und der messianische Bund. Alle fünf sind in beiden Testamenten erwähnt. Nur einer davon wird als „alt" bezeichnet (der Bund mit Mose) und durch den einzig „neuen" (messianischen) Bund ersetzt.

Darum wird der am Berg Sinai geschlossene mosaische Bund im Neuen Testament als vorübergehend (Galater 3,17-25) und veraltet (Hebräer 8,7-13) erachtet. Folgerichtig bedeutet dies, dass das Verfallsdatum für das mosaische Gesetz abgelaufen ist. Aber Christen denken nicht immer logisch!

Ein Großteil der Leute nimmt die Zehn Gebote sehr ernst. Sie wurden in Katechismen und Abendmahlsgottesdienste integriert sowie auf Kirchenwänden verewigt. Nichtsdestotrotz wurden den mehr als sechshundert zusätzlichen Gesetzen, die durch Mose hinzukamen, kaum Aufmerksamkeit geschenkt.

Nur wenige, wenn überhaupt, würden es befürworten, zur mosaischen Strafgesetzgebung zurückzukehren. Über ein Dutzend der aufgeführten Sünden wurde mit der Todesstrafe geahndet. Dazu gehört die rebellische Haltung eines Sohnes. Schwere Verletzungen verlangten körperliche Vergeltung (Auge um Auge, Zahn um Zahn, Hand um Hand, Brandmal um Brandmal, Wunde um Wunde, Beule um Beule: 2. Mose 21,24). Einer Frau konnte sogar die Hand abgehackt werden, wenn sie während einer Auseinandersetzung mit ihrem Ehemann die Genitalien ihres Widersachers angefasst hatte.

Vieles wird völlig ignoriert, zum Beispiel die Vorgabe zum Tragen von Kleidern aus reinem Material oder die zwölf Monate Flitterwochen, die einem als Soldat zustanden. Man bedenke, dass Mose gefordert hat, dass jedermann zusichere, alle Gesetze für alle Zeit zu halten. Es ist absolut verwunderlich, dass sich jemand auf so etwas einlassen würde. Doch die Israeliten taten es (2. Mose 19,8). Das Neue Testament enthält allerdings keinerlei Gelübde, die sich auf die Gesetze von Mose beziehen. In der Tat war Paulus' streitbarer Einwand gegen die Beschneidung der Heiden, die sich bei ihm bekehrt hatten, dass sie sich dadurch verpflichten würden, „das ganze Gesetz zu halten" (Galater 5,3). Er argumentierte, dass die Christen dem Gesetz genauso „gestorben" wären wie Christus nach seiner Kreuzigung (Römer 7,1-6; ein Abschnitt, den wir später noch einmal betrachten.).

Es gibt Christen, die „das Gesetz" selektiv verwenden. Sie berufen sich auf einige der Forderungen, andere aber ignorieren sie völlig. Das ist inkonsequent, wenn nicht gar heuchlerisch. Beispielsweise ist das speziell bei der Suche nach einem biblischen Argument gegen Homosexualität der Fall. Das Einzige, was sich auf solch eine Art gerade noch begründen lässt, ist, dass Gott Gleichgeschlechtlichkeit zumindest in Israel verabscheute.

Allerdings gibt es genügend Hinweise darauf, dass dies auch im Neuen Testament gilt. Prüfen lässt sich das folgendermaßen: Alle mosaischen Gesetze, die von Jesus oder von den Aposteln aufrechterhalten wurden, sind heute noch anwendbar. Sie sind Teil des „Gesetzes Christi" geworden.

Moses Gesetzgebung ist für eine christliche Diskussion über Scheidung nur bedingt relevant. Doch sie erhellt den jüdischen Hintergrund, vor dem schon die Pharisäer Jesus versuchten und ihn aufforderten, seine Haltung offenzulegen. Allerdings stehen Christen „nicht unter dem (speziell diesem) Gesetz".

3

WAS DIE PROPHETEN SAGTEN

Israel war eine Braut. Gott (Jahwe) war ihr Gemahl. Das war die allgemeine Erkenntnis der Propheten. Ein Großteil von dem, was sie sagten, wurde genau davon bestimmt. Sie ergründeten, dass es ein Bund war, den die junge Nation am Sinai geschossen hatte, vergleichbar einer Hochzeit mit beiderseitigen Gelübden. Wer eine lebendige, sinnbildliche Beschreibung dieser Beziehung haben will, der findet sie in Hesekiel 16,1-14. Dort erfährt man einiges – von der Entstehung des Volks bis zum Heiratsantrag. Seit jeher haben die Juden das Hohelied von Salomo als eine Analogie zu ihrem Verhältnis zum Allmächtigen erachtet. Mitunter empfanden sie es sogar als eine Allegorie.

Die Mahner Gottes nutzten es als passendes Gleichnis für eine Zeit, als Israel das Erste Gebot brach, indem die Nation „anderen Göttern nachlief". Sie wurde zur untreuen Ehefrau, sogar zur „Hure". Vor allem aber war sie eine Ehebrecherin (So scharf wird sie in Hesekiel 16,15-34 angeklagt.). Die Frage ist, wie sich das auf das Bundesverhältnis auswirkte und welche Relevanz es für Eheleute hat? Lassen Sie uns dafür drei Propheten und ihre Botschaft genauer unter die Lupe nehmen.

Hosea 1-3
Außer, dass die Propheten das „Wort des Herrn" mündlich verkündeten, waren sie oft dazu berufen, es mit ihrem Leben zu demonstrieren. Jeremia musste Single bleiben und jung sterben. Hesekiel verlor seine Frau, durfte aber nicht um sie trauern. Hosea traf vielleicht das härteste Los. Er sollte eine Frau mit zweifelhafter Gesinnung und schlechtem Ruf heiraten. Obendrein sollte er Vater

dreier Kindern werden, von denen nicht alle seine eigenen waren. Sie verließ ihn und ging zurück auf die Straße, wo er sie hergeholt hatte. Trotzdem durfte er sie nicht verlassen. Stattdessen musste er losziehen, sie suchen und von ihrem Zuhälter freikaufen, um sie wieder nach Hause zurückzubringen. Dort sollte er sie zur Ordnung rufen und danach die ehelichen Beziehungen wieder aufnehmen. Infolgedessen konnte er überzeugend vermitteln, was Gott seinem Volk gegenüber empfand.

Er war der letzte Prophet, der zu den zehn Stämmen im Norden, genannt „Israel", geschickt wurde. Sie hatten sich von „Juda" im Süden losgesagt, bevor sie von Assyrien eingenommen und deportiert wurden. Mit seiner Botschaft von Gerechtigkeit und Gericht wurde er Amos´ Nachfolger. Bezeichnenderweise konzentrierte sich Hoseas letzter Appell zur Umkehr auf Barmherzigkeit. Es war ein *Herzensschrei* nach Liebe (11,1). Allerdings blieb er unerwidert, denn er stieß auf taube Ohren.

Doch Hosea wusste aus eigener Erfahrung, dass es eine berechtigte Hoffnung auf Veränderung gab. Denn Gott würde wie ein „Himmelshund" seiner Herde nachjagen. Die Ehe konnte und würde wiederhergestellt werden. Das verdeutlicht, dass auch die Kinder Gottes die Tür zur Versöhnung stets offenhalten sollten, wenn ein Partner untreu geworden ist. Denn sie sind dazu berufen, heilig zu sein, wie er heilig ist.

Jeremia 3,1-10

Auf den ersten Blick vertrat dieser Prophet einen vollkommen anderen Standpunkt als Hosea. Die zehn Stämme aus dem Norden, genannt „Israel", waren inzwischen in Gefangenschaft. Nach Aussage des Herrn hatte er ihnen eine Scheidungsurkunde ausgestellt und sie weggeschickt! Das klingt nach einer endgültigen Aufkündigung jeglicher ehelichen Verbindung zwischen beiden.

Kaum zu glauben, aber wahr, Christen haben damit ihre Scheidungen gerechtfertigt. „Wenn Gott das kann, können wir das auch." Bevor wir solch einen Schluss ziehen, müssen wir uns diesen Satz im Kontext genauestens anschauen.

Die Aufmerksamkeit richtet sich jetzt auf die verbleibenden zwei Stämme im Süden, Juda und Benjamin (Gemeinsam nahmen beide den Namen des größeren Stammes Juda an. Daraus resultiert das Wort „Jude".). Sie hatten wohl gesehen, was mit ihrer Stammesschwester „Israel" passiert war: Sie wurde für ihr „ehebrecherisches" Verhalten verbannt. Doch Juda war jetzt genauso schlimm, wenn nicht gar schlimmer. Juda war in gleicher Weise ignorant gegenüber Gottes Urteil und damit demselben Schicksal ausgeliefert, nämlich der Scheidung.

Aber die Metapher beginnt in sich zusammenzubrechen, wenn wir den Bezugsrahmen genauer betrachten. Die Umstände sind nicht eins zu eins auf die Auflösung einer Ehe zwischen zwei Menschen zu übertragen. Der Abschnitt beginnt mit einem Verweis auf die Vorschriften aus dem Gesetz des Mose, 5. Mose 24. Damit haben wir uns bereits beschäftigt. Es wurde erwähnt, dass es das Land verunreinigte, würde eine Frau zu ihrem Mann zurückkehren, nachdem sie mit anderen Männern zusammen war. So gesehen wäre es von Gott vollkommen falsch, eine der beiden Schwesternationen, Israel oder Juda, überhaupt wieder in eine „Bündnisbeziehung" aufzunehmen. Beide hatten sich ja davon abgewendet.

Doch Gott ist Gott. Er steht über den Gesetzen. Nur wir Menschen brauchen sie, deshalb hat er sie uns ja gegeben. Er hätte die vereinigten Stämme Israel tatsächlich zurückgenommen, vorausgesetzt, „sie hätten sich bekehrt", das heißt, auf Hoseas mündlichen und sichtbaren Aufruf reagiert. Gott ist sogar noch davon ausgegangen, dass sie es täten. Aber es kam anders (Vers 7. Was diese Bemerkung über Gottes Vorwissen offenbart, werden wir hier nicht erörtern!)

Der nachstehende Abschnitt (3,11 – 4,1) beweist Folgendes: Er hoffte, dass die Stammesgemeinschaft Juda ihre Meinung ändern und sich bekehren würde bevor es zu spät wäre. Seine wiederholten Appelle zur „Umkehr" beweisen das. Aber sie war genauso stur und rebellisch wie ihre Schwester. Letztendlich wurde sie ebenfalls nach Babylon verbannt.

Aus und vorbei – so wäre es bei jeder anderen „Scheidung" gewesen. Die Geschichte des israelischen Gottesvolkes hätte damit ein für allemal geendet. Aber dem war nicht so. Gott ist Gott. Oft tut er das Unerwartete. Noch bevor Jeremia seinen Dienst beendet hatte, hatte der Herr versprochen, dass er sein Volk aus dem Exil zurückbringen werde: „Denn ich weiß, was für Gedanken ich über euch habe, spricht der Herr, Gedanken des Friedens und nicht des Unheils, um euch eine Zukunft und eine Hoffnung zu geben (29,11). Gott mag die Juden aus ihrem Lande vertrieben haben, aber er hat sie niemals aufgegeben (Römer 11,1). Auch wenn sie ihre Heiratsgelübde ihm gegenüber brechen, wird er seine niemals brechen (3. Mose 26,44, Jeremia 30,11, Hesekiel 16,60 und viele andere ähnliche Textstellen). Sein Scheidebrief hat nur eine vorübergehende Geltungsdauer. Sein „neuer" Bund gilt für beide, für Israel und für Juda (31,31).

Maleachi 2,13-16

Zu dieser Zeit waren die Kinder Israels aus dem Exil in Babylon zurückgekehrt, doch keineswegs alle. Sie hatten ihr Leben dort verbracht. Viele waren nicht bereit, ihre soziale und finanzielle Sicherheit aufzugeben, um sich den Härten des Wiederaufbaus zu stellen. Es galt, die Nation aus den Trümmern ihrer Hauptstadt Jerusalem zu rekonstruieren. Obendrein mussten sich ihre Anführer, Esra und Nehemia, um eine moralische und geistige Erneuerung bemühen. Unter anderem stieg die Zahl der Mischehen, bei denen ein Ehepartner nicht aus dem auserwählten Volk stammte. Die Standards, die Gott vorgegeben hatte, dermaßen zu ignorieren, war in Moses „Tora" ausdrücklich verboten. Voller Scham bekannte Esra dies vor Gott (siehe Kapitel 9 in seinem Buch.). Nehemia war darüber sogar dermaßen verärgert, dass er sich der Angelegenheit mit äußerst drastischen

Mitteln annahm (siehe Kapitel 13 in seinem Buch.). Er forderte die Männer auf, diese Praxis sofort zu unterlassen. Doch das half nichts, man machte weiter.

Maleachi war der letzte von Gott gesandte Prophet, bis ein paar hundert Jahre später Johannes der Täufer die Weltbühne betrat. Weit davon entfernt, den erhabenen geistlichen Status unter König David wiederzuerlangen, stand die Nation vor dem Untergang. Schludrige Glaubens- und Verhaltensgewohnheiten beschleunigten den allgemeinen Verfall von Religion, Moral und kollektivem Wohlstand. Der Prophet konfrontierte die Priester und das Volk mit ihrer Laschheit. Speziell wies er darauf hin, dass verkrüppelte und erkrankte Tiere geopfert wurden. Außerdem entrichteten sie nicht den gesamten Zehnten. Zwei weitere Missstände, die er anprangerte, betrafen ihre ehelichen Beziehungen.

Wie wir bereits erwähnt haben, ging man weiterhin Mischehen mit Nicht-Juden ein. Aufgrund dessen entschied sich Maleachi für eine noch umfassendere „Reinigung" als Nehemia. Er drohte den Männern sogar damit, dass Gott sie aus dem auserwählten Volk ausrotten werde (2,12).

Aber es zogen noch mehr dunkle Wolken auf. Das Familienleben wurde zunehmend brüchig. Die Scheidungsrate stieg rapide. Schon immer war der Herr als Zeuge anwesend, wenn junge Paare Verantwortung füreinander übernehmen. Er bezeichnete es als einen „Bund", gemäß dem, den er selbst mit Israel geschlossen hatte. Nicht nur Männer, die heidnische Frauen heirateten, „entheiligten den Bund" (2,10-11), sondern auch all jene, die sich von ihren Frauen scheiden ließen, die sie in der Jugend geheiratet hatten (Sicher ist, sie waren ihrer überdrüssig geworden.). Ein derartiger Bündnisbruch war Verrat.

Deutlich ist, dass sich Maleachi nicht allein auf Mose beruft. Vielmehr erklärt er Gottes ursprüngliche Absicht und sein Handeln (in 1. Mose 2,24). Das Gleiche tat Jesus später auch. Beachten Sie Folgendes: Er erwähnt ausdrücklich, dass ein Paar

„im Geist eins" ist, nicht nur im Fleisch. Der Geschlechtsverkehr zweier Menschen ist mehr als nur eine körperliche Vereinigung. Um eine Trennung zu vermeiden, muss man auf den Geist Rücksicht nehmen.

„Denn ich hasse die Ehescheidung", sagt der Herr. Das ist sein letztes Wort zu diesem Thema im Alten Testament. Damit macht er eine ungeheure Aussage, die einem gefühls- und verstandesmäßigen Ausdruck von Abscheu gleichkommt. Ein solches Vorgehen steht nämlich in krassem Gegensatz zu einem Gott, der seine Bündnisse hält. Gleich darauf bekundet er seinen Widerwillen gegenüber „männlicher Gewalt". Das bezieht sich möglicherweise auf den körperlichen und geistigen Missbrauch im Vorfeld einer Scheidung. Anschließend wird noch einmal klar darauf hingewiesen, den eigenen Geist unbedingt vor dem Abfall vom Glauben zu bewahren.

In solchen Situationen ist Gott zu guter Letzt noch um den Nachwuchs besorgt. Kinder tendieren weit weniger dazu, „gottgefällig" zu sein, wenn sich ihre Eltern scheiden lassen.

4

WAS DIE SCHRIFTGELEHRTEN SAGTEN

Man muss anerkennen, dass eine einzige leere Buchseite zwischen dem Alten und dem Neuen Testament eine Lücke von ein paar Jahrhunderten darstellt. Während dieser Zeit wurde zwar jüdische Literatur verfasst, darin fehlt aber ein ganz entscheidender Satz. Der taucht in den jüdischen „Schriften" fast viertausendmal auf, nämlich: So spricht der HERR („JAHWE" in Großbuchstaben steht für den Namen Gottes auf Hebräisch.). Doch in manchen Bibelausgaben sind diese Texte verzeichnet, vor allem in den römisch-katholischen. Sie werden „Apokryphen" genannt. Das bedeutet so viel wie „verborgen".

In dieser Übergangszeit, die den Juden fast endlos erschien, erhielten sie also keine neue Weisung. Es gab „keine Offenbarung" (Sprüche 29,18). Demnach waren sie gezwungen, über die vergangenen Worte nachzudenken, die Gott ihnen bereits zuvor mitgeteilt hatte. Alles, was bisher aufgezeichnet war, wurde um 100 v. Chr. zu einem so genannten „Kanon" (Regelwerk) der Schrift zusammengefasst.

In Israel entwickelte sich dadurch ein neuer Stand. Die Männer wurden „Schreiber" genannt. Sie kopierten die besagten Dokumente per Hand, damit sie unter dem Volk verbreitet werden konnten. Sie begannen auch, sie „auszulegen". Sie erläuterten, was damit gemeint war und wie man es im Leben umsetzen sollte. So nahm das „rabbinische Judentum" seinen Anfang. Es legt sehr viel Wert auf Auslegungen und Brauchtum. Beidem maß man sogar mehr Bedeutung bei als dem ursprünglichen Text, besonders seit die Begleittexte als Mischna oder Talmud gebündelt wurden. Die Schrift selbst bzw. der Teil, der die ersten fünf Bücher umfasst, wurde „Tora" oder „Pentateuch" genannt. In der „Jeschiwa" (Hochschule für Rabbis) wurden jedoch hauptsächlich die „Bräuche" studiert.

So wird für uns nachvollziehbar, warum sich unterschiedliche Meinungen herausbilden konnten. Es entwickelten sich rabbinische „Denkschulen" in Sachen Lehre und Ethik sowie Glauben und Verhalten. Einige davon waren eher konservativ, andere eher liberal. Diese „Flügel" benannten sich nach ihren führenden Gelehrten. Deren Ansichten drangen mit Hilfe der lokalen Rabbiner zur Bevölkerung durch. Dort wurden sie heftig diskutiert, besonders wenn es um alltägliche Dinge ging. Vordergründig setzte man sich mit dem „Gesetz" des Mose auseinander. Tatsächlich war es aber eine Debatte über die „Traditionen der Ältesten" (Im nächsten Kapitel werden wir noch feststellen, dass Jesus sie nicht damit konfrontierte, „was sie gelesen haben", sondern damit, was sie „gehört haben, dass da gesagt ist".).

Die Frage der Scheidung und einer anschließenden Wiederheirat rangierte auf der Liste der öffentlich besprochenen Themen ganz oben. Denn das Phänomen war in der griechischen und römischen Gesellschaft gang und gäbe. Immer häufiger kam es auch bei den Juden vor, selbst in den sehr religiösen Kreisen, beispielsweis bei den Pharisäern. Sie waren auch diejenigen, die über eine geeignete Rechtsgrundlage am heftigsten debattierten.

Unter den Protagonisten herrschte ziemliche Übereinstimmung. Alle schienen zuzustimmen, dass die Scheidung an sich zulässig war und dadurch beide Partner frei waren, erneut zu heiraten. Typischerweise erachtete man die Trennung als ein Privileg des Ehemannes, nicht der Ehefrau. Jedenfalls konnte er sich trennen, ohne einen Antrag bei einem öffentlichen Gericht stellen zu müssen. Sie konnte das nicht.

Ein weiterer Trend muss am Rande noch erwähnt werden. Anstelle der Todesstrafe im Falle eines Ehebruchs wurde die Ehe ab jenem Zeitpunkt geschieden. Vielleicht war das auf die römische Besatzungsmacht zurückzuführen. Sie hatte das alleinige Recht inne, eine Todesstrafe zu verhängen (Und doch: Vergleichen Sie Johannes 8,5, Apostelgeschichte 7,58 und Johannes 18,31.). Eines war jedoch Vorschrift: Eine untreue Gattin *musste* fortgeschickt werden. Ihr durfte man nicht vergeben.

Bis dato gab es ein allgemeines Einvernehmen dahingehend, dass es einen angemessenen Grund für einen Trennungsakt geben musste. Doch an diesem Punkt wurde es schwierig. Man stritt sich darüber, was rechtens war und was nicht. Zwei Gelehrte traten dabei in den Mittelpunkt. Sie beide behaupteten, das Gesetz aus 5. Mose 24 richtig auszulegen und anzuwenden.

SCHAMMAI

Dieser Rabbiner vertrat eine strenge Linie. Er ließ verlautbaren, dass der einzige von Mose zugelassene Scheidungsgrund Ehebruch durch die Frau sei. Aufgrund dieser „Unzucht" sei ihre Entlassung anhand eines Scheidebriefs gerechtfertigt. Ansonsten sei nichts anderes schwerwiegend genug, um eine Ehe aufzulösen. Dass seine Meinung nicht die beliebteste war, muss wohl nicht extra betont werden!

Aber wir haben schon besprochen, dass dies effektiv nicht die Begründung aus 5. Mose war. Die festgelegte Strafe für Ehebruch war der Tod durch Steinigung. Das hat natürlich jeden Ehemann freigesetzt, wieder zu heiraten. In späteren Jahren galt das Gleiche auch nach einer Scheidung.

Die Ansicht, dass Ehebruch eine Scheidung legitimiere, kann allerdings weder auf Mose noch auf die Tora zurückgeführt werden. Es ist ein „Gebot von Menschen" (Markus 7,7-8).

HILLEL

Dieser Rabbiner nahm eine höchst liberale Position ein. Er erweiterte die Liste der legalen Scheidungsgründe. Viele davon würden heute sogar als trivial eingestuft werden. Dazu gehört zum Beispiel das Anbrennen des Essens beim Kochen, das Flirten mit anderen Männern und das laute Sprechen in der Öffentlichkeit, kurz alles, was ein Ehemann hätte als unangebracht empfinden können. Offenkundig gefiel Hillels Einstellung den Ehemännern, den Frauen wahrscheinlich weniger.

Hillels Denkschule wurde als „Gutdünken"-Einstellung bezeichnet. Denn ein Ehemann konnte praktisch jeden Fehler seiner Ehefrau vorbringen, den er nur wollte. Als Jesus nach seiner Meinung zur Scheidung „aus jedem beliebigen Grund" (Matthäus 19,3) befragt wurde, wollte man vermutlich wissen, ob er Hillels Standpunkt teilte.

Hillel und Schammai waren Zeitgenossen Jesu. Insofern blieb es nicht aus, dass er mit in die Debatte hineingezogen wurde. Nachdem der Dienst Jesu vorüber war, ging ein dritter Rabbiner aus der liberalen Fraktion noch einen letzten Schritt weiter. Sein Name war:

AKIBA (AQIBA)

Er kam zu dem Schluss, dass eine Scheidung gar keine Rechtfertigung brauchte. Ein Mann konnte seine Frau einfach nach Belieben wegschicken. Das war sein Privileg als Haupt der Familie. Wenn er ihrer überdrüssig geworden war oder eine andere Person kennengelernt hatte, die er mehr mochte, dann ging das keinen etwas an. Ein Mann konnte tun, was er wollte, ohne jemandem dafür Rechenschaft schuldig zu sein. Die Entscheidung ist gefallen – *ohne Gegenstimme*!

Wir erwähnen das, weil hier ein Muster vorliegt. Es lässt sich in anderen Gesellschaften genauso beobachten: Am Anfang stehen strenge Richtlinien, die später von gelockerten Vorgaben abgelöst werden, gefolgt von absoluter Liberalität. Die Scheidungsgesetze der meisten westlichen Länder sind diesem Trend gefolgt. Damit begibt man sich in eine Abwärtsspirale.

Damit ist es an der Zeit, sich vom Alten ins Neue Testament zu begeben. Denn das vorliegende Buch richtet sich ja an Christen. Die für uns relevanten Passagen werden nun im Detail ausführlich untersucht.

5

WAS JESUS SAGTE

Dies ist das längste Kapitel in diesem Buch und es benötigte die meiste Zeit, um es zu schreiben. Das beruht nicht allein darauf, dass Jesus derjenige ist, der in der ganzen Bibel am meisten zu unserem Thema sagte. Vielmehr ist er die höchste Instanz für alle Christen. Derjenige, der sich selbst *der* Weg, *die* Wahrheit und *das* Leben nannte, verdient sicherlich absolutes Vertrauen sowie Gehorsam. Doch im zeitgenössischen Christentum reagiert nicht jeder so. Denn zwei Abirrungen (die im Grunde „Wildwuchs" sind) verhindern das. Eine davon ist von allgemeiner Natur, die andere von spezifischer.

Die *allgemeine* betrifft die Art, wie wir evangelisieren. Jesus verordnete uns „… geht zu allen Völkern und macht die Menschen zu meinen Jüngern" (Matthäus 28,19). Einen „Jünger" (d.h. einen Schüler, Student oder Lehrling) definierte er als jemanden, der „getauft" (also ins Wasser eingetaucht) war und gelernt hatte, in einer Weise zu leben, wie Jesus es uns einst aufgetragen hatte.

Kaum ein Evangelist setzt einen dieser beiden Hauptbestandteile in die Tat um. Das Wort „Jünger" ist fallengelassen worden. Dabei ist es im Neuen Testament der Begriff, der am häufigsten für die Nachfolger Jesu benutzt wird. Anstelle dessen wurde die Bezeichnung „Christ" gesetzt. Das war zunächst ein Spitzname, den Ungläubige verwendeten (Apostelgeschichte 11,26; 26,28). Dieser wurde später aber von den Gläubigen selbst übernommen (1. Petrus 4,16). Der Terminus „Christ" hat jedoch jeglichen Anklang von Lernen und von Disziplin eingebüßt. Infolgedessen wurde die Aufgabe, Jünger zu machen, durch das Bestreben ersetzt, Entscheidungen herbeizuführen. Und ein „Übergabegebet eines Sünders" von dreißig Sekunden hat die Taufe abgelöst.

Der Schwerpunkt liegt jetzt vermehrt auf dem Beginn des christlichen „Weges" als auf der anschließenden Reise. Dass es notwendig ist, ein Leben nach der Art Jesu zu führen – inklusive eines veränderten Lebensstils – wird kaum noch erwähnt. Die Frage, die sich stellt, lautet: Wird aus diesem Grund weniger Wert auf Buße gelegt? Durch sie würde nämlich jedem klar, dass man seinen gottlosen Lebensstil hinter sich lassen muss. Das Evangelium ruft die Menschen dazu auf, Buße zu tun und zu glauben, in dieser Reihenfolge. Johannes der Täufer forderte „Früchte" der Umkehr (Lukas 3,8). Auch Paulus erwartet einen „Beweis" (Apostelgeschichte 26,20). Beide wollten die Buße im Alltag umgesetzt sehen. Hier hat eine seltsame Verdrehung der Tatsachen stattgefunden: Bringt sie zuerst zum Glauben; dann sollen sie später Buße tun. Aber können Sünden tatsächlich ohne Reue vergeben werden? Eine Geburt umfasst doch das Durchtrennen der Nabelschnur, die ein Baby mit seiner früheren Existenz im Dunkeln verbindet.

Das ist eine Art romantische Bekehrung, um Christ zu werden. Sie wird als „falling in love with Jesus" bezeichnet. Diejenigen, die diese naive Vorstellung vertreten, müssen schlicht erkennen, dass Jesus selbst Folgendes zur Bedingung machte: „Wenn ihr mich liebt, werdet ihr meine Gebote halten" (Johannes 14,15). Es ist leicht, sentimental zu sein. Es ist um einiges schwieriger, biblisch zu sein.

Hinzu kommt, dass ein komplexes, theologisches Verlangen Evangelisten dazu veranlasst, die Werke herunterzuspielen, die mit Buße einhergehen sollten. Ihr Bemühen ist, die Wahrheit der Erlösung allein durch Gnade zu vermitteln. Aufgrund dessen haben sie eine Allergie gegen alles entwickelt, was auch nur im Geringsten mit menschlichen „Taten" in Verbindung gebracht werden könnte. Manche sagen sogar, dass Buße und Glauben das Werk Gottes in uns sind. Beides bringen wir nicht selbst hervor bzw. sind überhaupt nicht in der Lage dazu. Doch Gott befiehlt uns, beides zu tun. Denn der Glaube setzt sich aus Vertrauen und Gehorsam zusammen.

Es gibt also einige Gründe, warum in dem Eifer, Menschen „zu Jüngern zu machen", die Übereinstimmung mit der Lehre Jesu nicht an oberste Stelle gesetzt wird. Bei stagnierenden oder gar rückläufigen Besucherzahlen befleißigen sich viele Gemeinden, in erster Linie Wachstum hervorzubringen oder zumindest den Status quo zu halten. Demnach werden in vorwiegend „besucherfreundlichen" Gottesdiensten die strengen Verhaltensrichtlinien Jesu nicht ausdrücklich hervorgehoben. Auch wird nicht darauf hingewiesen, dass man die Kosten einer Reise, die einem später als unerschwinglich erscheinen könnte, im Vorfeld bereits abwägen sollte. Jesus tat das. Das Evangelium ist nämlich beides: Angebot, aber auch Anforderung.

Jesus hatte im Übrigen keine Hemmungen, den hohen Lebensstandard öffentlich anzusprechen, der für das Reich Gottes erforderlich ist. Er hatte auch keine Angst, Anhänger zu verlieren (Lukas 9,51-62; Johannes 6,66). Sogar seine Feinde räumten Folgendes ein: „... wir wissen, dass das, was du sagst und lehrst, richtig ist. Du lässt dich von keinem Menschen beeinflussen, wie angesehen er auch sein mag. Wenn du lehrst, wie man nach Gottes Willen leben soll, lässt du dich allein von der Wahrheit leiten" (Lukas 20,21). Man kann entweder Gott oder den Menschen gefallen; beides geht nicht. Wer die Wahrheit ausspricht, die ganze Wahrheit und nichts als die Wahrheit, ist allerdings nicht unbedingt beliebt.

Die *spezifische* Absonderlichkeit ist die Zurückhaltung gegenüber der Lehre unseres Herrn bezüglich Scheidung. Fast scheint es, als würde die Sache totgeschwiegen. Er sagte zwar kein Wort über Abtreibung oder Homosexualität. Doch Christen äußern sich unverhohlen zu diesen Themen. Er sprach jedoch viel über Wiederheirat nach einer Scheidung. Dennoch sind Christen hier sonderbar schweigsam. Mittlerweile gibt es eine Menge Gemeindemitglieder und Leiter, die ihre Ehepartner verlassen haben. Trotzdem befassen sich viele Prediger und Lehrer nur ungern mit diesem Themenkomplex. Sie befürchten, die Gemeinden damit zu belasten bzw. zu spalten. Gleichwohl „segnen" sie Folgeehen, die außerhalb der Gemeinde geschlossen wurden und führen „Heilungsworkshops für Geschiedene" durch. Darin vermitteln sie, dass Wiederheirat eine Option sei. Früher wäre so jemand exkommuniziert worden. Heute hingegen werden all jene ausgegrenzt, die eine „Bevollmächtigung" derartiger Verfahren infrage stellen!

Die hier beschriebenen Tendenzen, sowohl die allgemeinen als auch die spezifischen, machen deutlich, wie unerlässlich es ist, dass wir uns auf die Heilige Schrift zurückbesinnen, speziell auf die vier Evangelien. Wir müssen sicherstellen, dass wir wirklich wissen und verstehen, was Jesus uns mitteilte. Eines lässt sich jedenfalls ganz leicht erkennen. Seine Haltung gegenüber Scheidung und Wiederheirat war im Wesentlichen ablehnend. Diejenigen, die ihn nötigten, dazu öffentlich Stellung zu nehmen, waren davon scheinbar nicht überrascht.

Bedauerlich ist, dass jede Diskussion über seine Lehre schnell um die „Ausnahmen" kreist. Stattdessen sollte es doch darum gehen, seine „Vorgabe" umzusetzen. Andernfalls sucht man nur nach Schlupflöchern. Lassen Sie uns also mit einem Blick auf seine Vorbehalte beginnen und uns fragen, *warum* er diese hatte (Die „Erläuterung" dazu kann man bei Lukas und Markus nachlesen.). Erst danach wenden wir uns der Ausnahme zu (Die „Einzelerscheinung" findet sich im Matthäusevangelium.). Am Ende werden wir sehen, wie er selbst mit bestimmten Situationen umging (Das „Exempel" findet sich bei Johannes.).

1. SEINE ERLÄUTERUNG (LUKAS UND MARKUS)

Lukas 16,18 (bitte zuerst lesen)
Das ist Jesu kürzeste und unmissverständlichste Äußerung. Insofern ist es gut, hier zu starten. Es handelt sich um eine

kategorische, eindeutige Aussage, ohne jeden Vorbehalt. An dieser Stelle wird die Scheidung an sich nicht kritisiert, allerdings die Folgeehe im Anschluss an eine Scheidung. Das trifft für beide Parteien zu, für den Mann, der sich scheiden lassen wollte und für die geschiedene Ehefrau. In diesem Punkt spricht er jedoch die Männer an. Denn die Initiative geht meist von ihnen aus, damals wie heute.

Bevor wir uns der eigentlichen Textstelle widmen, sollten wir den Kontext wahrnehmen. Die besagte Verhaltensregel ist Teil eines Streitgesprächs, das Jesus damals mit einigen Pharisäern führte. Sie ist eine Art unerwarteter Einschub. Damals ging es nämlich ums liebe Geld. Lukas hat diesen Disput inmitten von zwei aussagekräftigen Parabeln platziert. Bei der einen ist die Rede von einem Mann, der Menschen lieber hatte als Geld. Bei der anderen geht es um einen Mann, der Geld favorisierte, nicht Menschen. Zunächst wird ein „ungerechter Verwalter" gewürdigt. Er gibt seinen möglichen zeitnahen Gewinn hin, um sich Freunde für die Zukunft zu machen. Die Zuhörer werden aufgefordert, auf längere Sicht das Gleiche zu tun. Allerdings sollen sie ihr Geld dazu einsetzen, sich Freunde für die Ewigkeit zu machen, nicht für das jetzige Leben (Das zweite Gleichnis sollte veranschaulichen, wie man all sein Gut auf ewig verliert, wenn man sein Geld zu Lebzeiten nur in Materielles investiert.).

Jesus fügte hinzu, dass es unmöglich ist, das ganze Leben dem Geldverdienen zu widmen und zur selben Zeit Gott zu dienen. Eines von beiden würde zwangsläufig in den Hintergrund treten. In der Regel ist es Gott. Die Pharisäer verspotteten ihn ganz offen für seine Logik. Sie sahen sich durchaus in der Lage, finanzielle und geistliche Ziele zeitgleich zu verfolgen. In einer vernichtenden Anklage entgegnete ihnen Jesus, dass sie damit vielleicht Menschen beeindrucken könnten, nicht aber Gott. Denn der verabscheue es, dass sie weder die Bedeutung ihrer eigenen Schriften verstehen würden, noch den Dienst von Johannes dem Täufer. Sie hätten zudem das Kommen des Königreiches des

Himmels nicht wirklich wahrgenommen. Während das für andere an erster Stelle stehe, seien sie stattdessen mit Kleinigkeiten des mosaischen Gesetzes beschäftigt, also mit Buchstaben. Derweil verpassten sie den Heiligen Geist (Vorausgesetzt, Vers 17 ist sarkastisch gemeint.).

Danach warf Jesus seine Kommentare zur Scheidung ein. Oft sind es ja diejenigen, die in der Wirtschaft erfolgreich sind, die ihre Frauen gegen neuere „Modelle" eintauschen. Reichtum macht Menschen unzufrieden mit dem, was sie haben. Das bedeutet, dass für gewöhnlich die reichen Pharisäer ihre Ehefrauen wechselten. Ihr Gewissen beruhigten sie, indem sie Gott von ihren Gartenkräutern den Zehnten gaben (Lukas 11,42). Sie gingen offensichtlich davon aus, dass es in Ordnung sei, sich scheiden zu lassen und wieder zu heiraten. Aber Jesus hielt das alles für falsch. *Warum* dachte er so? Das ist eine wichtige Frage.

Ganz einfach: Es war Sünde gegen Gott, ein Verstoß gegen eines seiner Gebote. Aber gegen welches? Gemeint ist das siebte von den zehn „Worten", die Gott selbst aufgeschrieben hatte. Es war das Verbot des Ehebruchs.

Nur wenige scheinen die volle Tragweite dessen zu erkennen, was Jesus hier meinte. Ehebruch ist die Sünde, die *Verheiratete* begehen, wenn sie mit jemand anderem als mit ihrem Ehegatten schlafen. Das sagt doch nichts anderes, als dass selbst alle rechtskräftig Geschiedenen vor Gott *noch immer verheiratet sind*. Die Ehe hat weiterhin Bestand. Sie wurde nicht aufgelöst. Keiner von beiden ist frei, jemand anderen zu heiraten. Der erste „Bund" gilt weiterhin. Er wurde zwar verraten, aber nicht aufgehoben. Die Scheidung mag aus menschlicher Sicht legal sein, nicht aber aus göttlicher. Das kann man gar nicht oft genug wiederholen. Deshalb haben wir es hier auf so viele verschiedene Arten gesagt.

Als Nächstes muss man feststellen, dass Jesus die Anwendung dieser bestürzenden Aussage nicht allein auf seine Anhänger und auf die Pharisäer oder auf das jüdische Volk beschränkte. Es war eine Aussage für jedermann (wörtlich für „alle"). Und sie galt für beide Partner, für den Mann, der die Scheidung wollte, sowie für die geschiedene Frau. Beide würden mit einer Wiederheirat Ehebruch begehen. Die Zeitform, in der das Verb für Ehebruch steht, ist obendrein eine „Verlaufsform des Präsens". Das bedeutet, dass man es gegenwärtig noch immer tut. Einige haben versucht, sich folgendermaßen herauszureden: Einzig der tatsächliche Vorgang der erneuten Eheschließung sowie die erste körperliche Vereinigung würden Ehebruch darstellen. Aber Jesus bezieht sich auch auf alle späteren Geschlechtsakte. Um es unverblümt auszudrücken, eine Folgeehe nach der Scheidung stellt in Gottes Augen Bigamie dar. Es ist keine gültige Ehe.

Noch eine letzte Anmerkung. Sowohl die Anschrift als auch der Inhalt des Evangeliums, das Lukas geschrieben hat, deuten darauf hin, dass er es für eine *nichtjüdische* Leserschaft verfasst hat, speziell für einen einzigen Mann. Dessen Titel lässt erahnen, dass er wohlmöglich der Richter oder ein Anwalt bei Paulus' Prozess in Rom gewesen sein könnte. Lukas' zweiter Band, die Apostelgeschichte, verstärken diesen Eindruck noch einmal.

Bevor wir dieses Evangelium hinter uns lassen, gibt es da noch eine andere Stelle, die indirekt mit unserem Thema zusammenhängt:

Lukas 20,27-35 (bitte zuerst lesen)

Diesmal beschäftigen wir uns mit einer anderen jüdischen „Denomination" (Das ist schlicht und einfach eine Gruppenbezeichnung.). Waren die Pharisäer in Glauben und Verhalten der konservative Flügel, repräsentierten die Sadduzäer den liberalen. Die einen glaubten an die Auferstehung aller Menschen, die anderen nicht. Sie hielten diese Idee für vollkommen absurd.

Sie stellten Jesus eine Rätselfrage, möglicherweise um herauszufinden, mit welcher Gruppe er sich identifizierte, vielleicht aber auch, um seine Sympathie mit den anderen ins Lächerliche zu ziehen. Dabei spielte das Gesetz eine Rolle. Es ging darum, dass, falls ein Mann stirbt und die Witwe ohne männlichen Nachfolger zurücklässt, sie sein Bruder heiraten musste. Er sollte ihr Nachkommen zeugen. Auf diese Weise würde ihr Name und ihr Vermögen erhalten bleiben (5. Mose 25,5-6; ob der Bruder noch ledig oder bereits verheiratet war, erfährt man nicht. Vermutlich war Polygamie unter diesen Umständen erlaubt.).

Um Jesu Lehre als Rabbiner in Frage zu stellen, dachten sich die Sadduzäer eine Situation aus, in der eine Frau sieben Männer verlor, alles Brüder, alle hatten keinen erbberechtigten Sohn hervorgebracht. Statistisch unwahrscheinlich, aber theoretisch möglich! Die Frage war, welcher Bruder sie bei der „Auferstehung" als Ehefrau (d.h., als Sexualpartnerin) haben würde. Denn damit ist ja nicht die Unsterblichkeit der Seele gemeint, sondern die Neuerschaffung des Körpers. Ich kann mir gut vorstellen, wie sie sich durchtrieben zulächelten, während sie auf seine Antwort warteten: „Ha, jetzt haben wir dich in der Falle!"

Die Antwort kam blitzschnell. Ihre Fragestellung basierte nämlich auf der Annahme, dass Ehen den Tod überdauern würden. Falsch! Hier zeigt sich die Unkenntnis der göttlichen Macht. Sie kann verschiedene Arten von Körpern hervorbringen, auch solche, die ewig währen. Die müssen sich nicht mehr fortpflanzen und Kinder kriegen, genau wie die asexuellen Engel, die unsterblich erschaffen wurden.

Jesus fuhr fort, gegen ihren Zynismus anzugehen, indem er sie daran erinnerte, dass der Gott Abrahams, Isaaks und Jakobs ein Gott der Lebenden und nicht der Toten sei. Die Patriarchen seien noch immer sehr lebendig, wenn auch nicht mehr verheiratet.

Die Absicht des inspirierten Schreibers besteht darin, zu zeigen, dass Jesus ganz klar davon ausging, dass eine Ehe nur bis zum Tod besteht und dass diese exklusive Bindung zwischen Mann und Frau danach nicht wiederhergestellt wird. Mit anderen Worten, eine Ehe ist nicht unauflöslich. Eine Scheidung löst sie zwar nicht auf, aber der Tod eines Partners schon. Jesus widersprach der Auffassung nicht, dass die Witwe nach dem Tod eines jeden

Mannes wieder heiraten durfte. Er stellte nur ihre Annahme in Frage, dass Ehebündnisse bei der Auferstehung erneuert würden.

Zusammenfassend lässt sich aus Lukas' Aufzeichnung hinsichtlich der Lehre Jesu Folgendes ableiten: Wiederheirat ist Ehebruch, es sei denn, ... ein Ehepartner ist verstorben.

Markus 10,1-12 (bitte zuerst lesen)

Hier finden wir eine noch ausführlichere Darstellung der Denkweise Jesu. Sie wird durch einen Streit zwischen ihm und einigen Pharisäern offenbar. Diesmal waren sie es, die die Initiative ergriffen und die Angelegenheit ansprachen. Markus macht deutlich, dass das Thema nicht von aufrichtigen Fragestellern vorgebracht wurde. Sie „testeten" ihn (Wörtlich heißt es, dass sie „ihn versuchen wollten".). Sie glaubten, ihn durch seine Reaktion in Schwierigkeiten bringen zu können.

Aber wodurch? Die Antwort darauf könnte in den geographischen Koordinaten liegen. Die Diskussion fand nämlich am *Ostufer* des Jordans statt. Sie befanden sich also im Gebiet von Herodes Antipas, der auf Veranlassung seiner Frau Herodias für die Hinrichtung Johannes des Täufers verantwortlich war. Sie hatte ihm aufs Bitterste übelgenommen, dass sich Johannes öffentlich gegen ihre „illegale" Ehe geäußert hatte. Haben die Gegner Jesu etwa im Stillen gehofft, dass Jesus ein ähnliches Ende fände?

Oder war von vornherein klar, dass er in jedem Fall dem Großteil der Öffentlichkeit widersprechen würde, egal welchen Standpunkt er vertrat, sei es die strenge Linie von Schammai oder die laxe Haltung von Hillel (Beide werden in Kapitel 4 erwähnt.)? Wie auch immer, sie stellten ihm offenkundig eine Falle. Aber darin war Jesus geübt. Er konnte solchen verbalen Angriffen entgegentreten, und das mit erstaunlicher Weisheit.

Die Erzählung wird in zwei Abschnitte unterteilt: Am Anfang steht die öffentliche Auseinandersetzung mit den Pharisäern. Dann folgt ein privates Gespräch mit seinen Jüngern.

Die Öffentliche Auseinandersetzung (Verse 2-9)

Scheidungsgründe wurden zu Jesu Zeiten heftig diskutiert, scheinbar weil die Scheidungsrate ständig stieg. Darum drehte sich die Frage auch nicht. Sie fragten, ob er im Rahmen ihres Gesetzes (Das bezieht sich auf das Gesetz des Mose, die Tora.) eine Scheidung überhaupt akzeptieren würde. Mit einer ablehnenden Haltung hätte er sich bei vielen äußerst unbeliebt gemacht. Und eine Zustimmung hätte ihn enorm unter Beschuss gebracht.

Jesus stellte sofort eine Gegenfrage. Das war seine Lieblingsstrategie (vgl. Markus 11,28-30). Er formulierte sehr sorgfältig. Indem er auf „Mose" anspielte, brachte er die ersten fünf Bücher der Bibel ins Spiel. Denn die wurden alle ihm zugeschrieben. Die Juden bezeichnen sie als „Tora", die Christen als „Pentateuch". Weiterhin benutzte er den Begriff „Vorschrift". Das bedeutet, jemandem befehlen, etwas zu tun bzw. nicht zu tun. Natürlich hatte Mose niemandem befohlen, sich scheiden zu lassen. Er hatte höchstens einer geschiedenen Frau untersagt, ihren ersten Ehemann erneut zu heiraten, nachdem sie sich von ihrem zweiten getrennt hatte. Rechtliche Gründe für eine Scheidung hatte er nie definiert.

Aber Mose habe es „zugelassen", argumentierten die Pharisäer. Als Antwort bekamen sie gesagt, dass es sich hier um einen Kompromiss handele, eine Übereinkunft, die den „harten Herzen" des Volkes geschuldet sei, mit dem Mose sich auseinandersetzen musste. Dies könnte ein Hinweis auf ihre hartnäckige Rebellion (Uneinsichtigkeit) gegenüber Gott sein, möglichweise auch auf ihre unversöhnliche Kälte im Umgang miteinander. Aber das ist eher unwahrscheinlich. Wie auch immer, sein Ziel war es, ihren Eigensinn in Schranken zu weisen. Zudem war es nicht das letzte Wort zu diesem Thema.

Es war aber auch nicht das erste. Jesus knüpfte an einen früheren Teil der Tora an (1. Mose 2,24). Der enthält Gottes ursprüngliche, allgemein gültige Weisung für eine Ehe. Wie wir (in Kapitel 1) gesehen haben, war es Gottes Wille, dass eine Ehe heterosexuell und monogam ist und vor allem ein Leben lang hält.

Der Gott, der Mann und Frau geschaffen hat (ein Verweis auf 1. Mose 1), hat das Recht und die Verantwortung, über die Beziehung zwischen beiden zu bestimmen (wie in 1. Mose 2). Er weist sie darauf hin, dass die Ehe auf tiefgründige Weise eine Vereinigung zweier *Individuen* ist. Sie werden dadurch „ein Fleisch". Aus zwei wird eins, so geht das! Dies war ein Akt Gottes, ein übernatürliches Eingreifen in jede Ehe, ein Wunder. Zu scheiden, was er zusammengefügt hat, ist purer Vandalismus von Menschen. So wird die Schöpfung Gottes zerstört. Jesus meinte hier nicht, dass eine Ehe nicht auseinandergehen kann, sondern dass sie es nicht sollte. Der Mensch ist in der Lage, sich zu trennen, aber er sollte es nicht tun. Der Ehestand ist heilig. Ihn zu zerstören ist schlicht ein Sakrileg.

Lassen Sie uns kurz innehalten und uns fragen, warum Jesus so sprach. Aus seiner Sicht war die Zeit der Kompromisse vorbei. Die Standards sollen nicht länger gesenkt werden, um der Schwachheit und der Willkür der Menschen entgegenzukommen, erst recht nicht innerhalb des Volkes Gottes. Etwas Neues hatte begonnen. In der Vergangenheit hat Gott tatsächlich über Verfehlungen „hinweggesehen". Jetzt aber fordert er überall und jeden „zur Umkehr" auf (Apostelgeschichte 17,30). Gottes moralischer Anspruch wird wieder auf „Normalmaß" angehoben. Anstatt Gesetze zu lockern, um der menschlichen Natur zu entsprechen, wird die menschliche Natur aufgewertet, um den göttlichen Standards zu entsprechen. Dies ist das Wesen des „Neuen" Bundes. Dieser war von Jeremia (31,33-34) und Hesekiel (36,26-27) vorausgesagt worden. In Kraft getreten ist er durch den Tod Jesu, durch seine Auferstehung und Himmelfahrt. Der „Alte" mosaische Bund war somit „veraltet" (Hebräer 8,13). In Jesus muss dieses Wissen bereits vorhanden gewesen sein, als er den Pharisäern Rede und Antwort stand. Sein Kommen machte ihre Frage belanglos. Scheidung sollte nicht einmal mehr zur Debatte stehen!

Ihnen ist vermutlich gar nicht aufgefallen, dass er ihre Frage beantwortete, indem er sie abwies! Sie konnten seine Gedanken ja nicht lesen. Insofern war es ihnen unmöglich zu verstehen, *warum* er so radikal vorging und Scheidung grundsätzlich ausschloss. Direkt hatte er es freilich nicht gesagt. Möglicherweise haben sie sich deshalb gewundert: Ob es wirklich das war, was er gemeint hatte? Zweifellos waren die Jünger Jesu jetzt verunsichert.

Das Private Gespräch (Verse 10-12)
Sein innerer Jüngerkreis wollte seine Position erklärt haben, sobald sie mit Jesus allein waren. War das richtig, was sie verstanden hatten? Hatte er wirklich jede Scheidung und jede Wiederheirat für nichtig erklärt?

Diesmal gab Jesus eine klare Antwort auf eine eindeutige Nachfrage. Seine gesamte Lehrmethode bestand aus diesem Muster: Der breiten Öffentlichkeit und vor allem seinen Gegnern gab er Rätsel auf – Parabeln, die die Wahrheit für alle, außer den aufrichtig Suchenden verborgen hielten (Markus 4,9-13). Denen, die er als seine Jünger (Schüler) und schließlich als Apostel (Prediger) erwählt hatte, erklärte er die Dinge allerdings ohne Umschweife und beantwortete ihre Fragen direkt. So war es auch hier.

Seine Erklärung war fast identisch mit der, die wir bereits (in Lukas 16,18) untersucht haben. Er nannte den gleichen Grund, warum er gegen Scheidung war: Weil eine Ehe unauflösbar ist. Eine Zweitehe stellt aus Gottes Sicht automatisch eine ehebrecherische Beziehung dar. Noch einmal: Es ist die Folgeehe, die falsch ist. Behalten Sie im Hinterkopf, dass es nicht nur eine Sünde „ihr gegenüber" (der ersten Frau) ist, sondern gleichermaßen Gott gegenüber.

Der einzige Unterschied ist, dass sich Lukas ausschließlich an Männer wandte, die sich von ihren Frauen scheiden lassen. Das Markusevangelium hingegen enthält einen Hinweis für Frauen, die sich von ihren Ehemännern trennen. Das war eher in der griechischen und in der römischen Gesellschaft der Fall. Doch die Prinzipien Jesu gelten für sie genauso.

Hinzu kommt, dass diese glasklare Aussage, die wir in Markus vorfinden, nur gegenüber den Jüngern gemacht wurde. Die Ansprache aus Lukas galt jedoch den Pharisäern. Die letztere erfolgte auch viel später, als Jesus auf seinem letzten Marsch Richtung Jerusalem war. Jetzt war er nämlich bereit, Leuten, die ihn anfeindeten, noch offener entgegenzutreten.

Nicht nur aufgrund von theologischer Beweisführung, sondern auch aufgrund der Überlieferung aus externen Quellen, sind sich Bibelgelehrte im Großen und Ganzen darüber einig, dass sich sowohl Markus als auch Lukas in erster Linie an eine *nichtjüdische* Leserschaft richten. Unter ihr waren Scheidung und erneute Heirat weit verbreitet. Das ist insofern bedeutsam, dass die Lehre Jesu uneingeschränkt gilt, also keine „Ausnahme" macht. Das Verbot war allgemeingültig. Wenn wir uns Matthäus zuwenden, ist die Sachlage anders. Nicht alle frühen Gemeinden verfügten über die gesamten vier Evangelien. Aber wir haben sie. Deshalb müssen wir alle in Betracht ziehen.

2. SEINE AUSNAHME (MATTHÄUS)

Im Vergleich mit Lukas und Markus stehen in Matthäus zwei Textpassagen, die sich mit unserem Thema befassen (5,31-32 und 19,1-12). Eine davon hat rein gar nichts mit den Pharisäern zu tun. Der ausschlaggebende Unterschied ist vielmehr die Ausnahmeklausel, die beide enthalten. Dadurch wird die allgemeine Regel der beiden anderen „synoptischen" (gleichgearteten) Evangelien eingeschränkt.

Vielleicht ist das der Grund, weshalb die meisten Diskussionen, die Christen zum Thema Scheidung führen, ganz schnell auf Matthäus hinauslaufen. Ich habe Leute getroffen, die tatsächlich nicht einmal wussten, was Lukas dazu zu sagen hatte. Liegt das daran, dass wir lieber Schlupflöcher suchen als gehorsam zu sein? Egal! Scheinbar ist uns das, was das Matthäusevangelium enthält, einfach wichtiger. Meiner Meinung nach hängt das nicht damit zusammen, dass es das erste Evangelium im Neuen Testament ist oder dass es mehr zu sagen hätte. Es ist die „Ausnahme", die uns lockt.

Bevor wir die Bedeutung der *einzigen* Ausnahme analysieren, die Jesus vorbrachte, müssen wir uns etwas bewusstmachen: Von *jeglicher* Einzelerscheinung geht ein großer Einfluss aus. Sie verwandelt ein absolutes Prinzip in ein relatives. Etwas, was für alle Menschen in allen Situationen galt, wird zu etwas, das für bestimmte Menschen in bestimmten Situationen gilt. Die Umsetzung ist nicht mehr simpel. Es gilt, vorab Rahmenbedingungen zu berücksichtigen. Eine klare „Unterlassungsanweisung" mutiert dadurch zu einer „Sonderfallregelung". Lukas und Markus waren schlicht und einfach. Matthäus hat das Ganze verkompliziert.

Es ist kaum ersichtlich, wie überhaupt *irgendeine* Ausnahme mit dem Text aus 1. Mose 2, auf den sich der Appell Jesu bezieht, vereinbar sein soll. Dort werden keine Ausnahmen gemacht, nicht einmal in Erwägung gezogen. Jesus berief sich offenkundig auf diese Textstelle, um Scheidung vollkommen auszuschließen. Und hier in Matthäus ließ er sie noch einmal anklingen.

Kein Wunder, dass so mancher Gelehrter die Authentizität von Matthäus' Bericht in Zweifel gezogen hat: Hat Jesus wirklich gesagt, dass es eine Ausnahme gäbe? Haben wir sie nicht eher Matthäus zu verdanken? Vielleicht wollte er damit das Postulat Jesu bekräftigen, dass weder ein „einziger Buchstabe" noch „ein einziges Strichlein" (Punkt und Komma) vergehen, bis sich alles „erfüllt" habe (5,18). Was auch immer! Falls dem tatsächlich so wäre, stellt sich die Frage, ob er die Ausnahme unbewusst oder bewusst hinzugefügt hat. Möglicherweise hat sie sogar jemand anders eingefügt, vielleicht jemand, der eines der ersten Manuskripte kopierte?

Von denjenigen, die sich intensiv mit der Problematik befassen, die wir gerade aufgeworfen haben, wurde viel nachgedacht.

Denn hier dreht es nicht bloß um eine Unstimmigkeit. Vielmehr hat der mutmaßliche Zusatz ein Spannungsfeld zwischen den absoluten und den relativen Standpunkten entstehen lassen, das ziemlich groß ist.

Als Autor bin ich vollkommen überzeugt, dass Matthäus' Erinnerung und seine Aufzeichnungen richtig sind. Jesus machte eine „Ausnahme" von der „Regel". Es muss einen Grund geben, warum Matthäus sie vermerkt hat. Und es muss einen Grund geben, warum Lukas und Markus sie nicht aufgenommen haben. Ich glaube nicht, dass die beiden Letztgenannten eine Gedächtnislücke hatten. Ich glaube eher, dass die Erklärung in der jeweiligen Leserschaft zu suchen ist, d.h., welche Zielgruppe sie ansprechen wollten. Das kann uns auf die Spur der „Ausnahme" führen. Das werden wir noch sehen.

Dass sich Lukas und Markus eindeutig an Ungläubige richten, ist eines von mehreren Merkmalen. Matthäus hingegen schreibt für Gläubige. Richtig ist, dass er sich das Markusevangelium als Grundstruktur zum Vorbild genommen hat. Aber das, was ihn einzigartig macht, ist die Sammlung von Jesusworten, die der ehemalige Steuereintreiber aufgeschrieben hat. Es gibt fünf solcher Wortbündel. Alle drehen sich um das Königreich des Himmels. Hier die dazugehörigen Kapitel:

5 – 7:	Der Lebensstil des Königreichs
10:	Der Auftrag des Königreichs
13:	Das Wachstum des Königreichs
18:	Die Gemeinschaft im Königreich
24 – 25:	Die Zukunft des Königreichs

Allein das Überfliegen reicht, um die Zuhörerschaft herauszufiltern, die angesprochen wird (siehe 5,11-12; 10,16-18; 13,16-17; 18,18-19; 24,9-13). Jede dieser „Predigten" wendet sich an diejenigen, die bereits Teil des Königreichs sind. Es geht um Pflichten, denen seine Bürger, die sogenannten „Söhne", unterworfen sind, und um die Gefahren, die ihnen drohen.

WIEDERHEIRAT IST EHEBRUCH ES SEI DENN...

Bringt uns das auf die richtige Fährte? Ungläubige hätten demnach keine Rechtfertigung, sich scheiden zu lassen. Gläubige wären privilegiert; sie hätten eine „gute Begründung". Erwartete Jesus von seinen Jüngern tatsächlich einen niedrigeren ethischen Standard als von der Welt? Ist das möglich? Ich denke nicht! In jedem anderen Bereich bestand er auf höhere Moralvorstellungen und versprach, jedem zu helfen, der Hilfe brauchte, um diesen zu entsprechen.

Gibt es zwischen Matthäus und Lukas / Markus nicht noch einen weiteren erkennbaren Unterschied? Tatsächlich, den gibt es. Während das Evangelium von Matthäus in erster Linie für (gläubige) Juden bestimmt ist, wenn auch nicht ausschließlich, richten sich die beiden anderen vornehmlich an (nichtgläubige) Nichtjuden. Das ist etwas, was wir ja bereits festgestellt haben. Es lässt sich folgendermaßen untermauern:

i. Matthäus beginnt mit Jesu Geschlechtsregister, für einen nichtjüdischen Leser ein hanebüchener Anfang! Jesus wird hier durch seine Abstammung von König David sofort als „König der Juden" eingeführt. Der Stammbaum Jesu enthält eine kodierte Botschaft für Juden. Sie benutzten wie die Römer Buchstaben statt Zahlen (A=1, B=2 usw.). Für jeden Namen gab es einen Zahlenwert. „David" entsprach der Zahl 14. Matthäus listet die Genealogie Jesu in drei Einheiten mit je 14 Namen: Von Abraham zu David, von David bis zum Exil, vom Exil zu Joseph.

All das ist für Juden faszinierend. Der Autor kann sich an einen jüdischen Mann erinnern, der während einer Predigt über Matthäus 1,1-17 zum Glauben kam und Jesus als seinen Messias annahm.

Lukas, der für die Heiden schrieb, hob sich im Gegensatz dazu das Geschlechtsregister bis zum Ende seines dritten Kapitels auf. Außerdem ging er bis zu Adam zurück, nicht nur bis zu Abraham.

ii. Matthäus nimmt weit mehr Bezug auf jüdische Schriften

(„Altes Testament") als die anderen drei Evangelien. Er ist der Einzige, der Jesus mit der Aussage zitierte, dass er nicht gekommen sei, um „das Gesetz und die Propheten" aufzuheben, sondern um sie zu erfüllen. Das Matthäusevangelium deckt sich am ehesten mit der mosaischen Gesetzgebung (5,18-19; Die Verse machen viele Christen stutzig, die glauben, sie seien nicht mehr daran gebunden.). Zudem kann man Begeisterung spüren. Denn die prophetischen Vorhersagen sind im Leben Jesu wahr geworden (Da heißt es häufig: „weil sich erfüllen sollte"; z.B. 2,6, 15, 17, 23).

Das Matthäusevangelium stellt also eine ausgezeichnete Verbindung zum Alten Testament dar. Vielleicht ist das der Grund, warum es in unseren Bibeln im Neuen Testament an erster Stelle steht. Obwohl es nicht als Erstes verfasst wurde, knüpft es direkt an Maleachi an.

iii. Wo die anderen Evangelien den Terminus „Reich Gottes" verwenden, benutzte Matthäus den Ausdruck „Königreich des Himmels". Damit meinte er sicherlich kein anderes Königreich. Einige Kommentatoren haben nämlich versucht, genau das zu belegen. Identische Texte beweisen allerdings, dass er Jesu Worte ganz bewusst verändert hat. Aber warum?

Nach der traumatischen Erfahrung des Exils scheuten sich die Juden, den Namen des Herrn achtlos in den Mund zu nehmen. Sie hörten sogar ganz auf, ihn auszusprechen. Sie benutzen stattdessen Euphemismen *[beschönigende Ausdrücke, Anm. der Übersetzerin]* wie „Himmel" (Das ist uns heute noch durch „Himmel hilf!" geläufig.). Keiner weiß bis heute, wie der Name Gottes ausgesprochen wird, der Mose einst zugerufen wurde. Auf Hebräisch stehen dafür vier Konsonanten, JHVH. „Jehova" stimmt jedenfalls nicht Es muss eher wie „Jahwe" klingen. Sogar in Zeitungen wird „Gott" als „G-tt" abgedruckt.

Angenommen, Matthäus hatte jüdische Leser vor Augen, dann ist eine gewisse Achtsamkeit gegenüber solchen Skrupeln die plausibelste Erklärung für seine Nachbesserung. Er vermied es, unnötigen Anstoß zu erregen. Alles andere hätte die Leute daran gehindert, seine „guten Nachrichten" zu lesen.

iv. Wie wir schon festgestellt haben, gliederte er die Lehre Jesu in fünf Blöcke. War das eine gezielte oder eher eine zufällige Anspielung auf die fünf Bücher Mose, die jüdische „Tora"? Führte er Jesus damit als neuen Gesetzgeber ein, quasi als Erfüllung der Prophezeiung, die Mose einst gegeben hatte (in 5. Mose 18,15; vgl. Johannes 6,14; Apostelgeschichte 3,22-23)?

Bemerkenswert ist, dass sowohl die erste als auch die letzte Predigt „auf einem Berg" gehalten wurde. Das erinnert in allem an Mose auf dem Sinai.

v. Matthäus änderte Markus' Lehre zur Scheidung, die davon ausging, dass Männer und Frauen gleichermaßen die Initiative ergriffen, ab und münzte sie nur auf Männer. Das ist ganz typisch für die jüdische Kultur.

* * * *

Diese Erläuterungen reichen völlig, um darzulegen, worauf Matthäus Wert legte. Nimmt man die beiden gravierendsten Unterschiede zwischen Matthäus einerseits sowie Lukas und Markus andererseits zusammen, kann man ziemlich sicher behaupten, dass sich das Matthäusevangelium an jüdische Gläubige richtete. Das würde zudem die Überlieferung bestätigen. Gemäß dieser tauchte es anfangs in den Gemeinden im besetzten Israel auf. Wir vergessen ja oft, dass die erste Gemeinde aus rein jüdischen Mitgliedern bestand. Damals wurde sie sogar noch als jüdische Sekte eingestuft. Übrigens gibt es ein Manuskriptfragment von Matthäus, das sich in der Bibliothek des Magdalen College in Oxford befindet. Das beweist, dass es bereits vor der Zeit geschrieben wurde, als sich die Gemeinde

Was Jesus sagte

von der Synagoge trennte, also bevor sich das Christentum vom Judentum abspaltete.

Dieser langatmige Einblick (Umschweife?) in das jüdische Umfeld des Matthäusevangeliums mag manchen Leser ungeduldig gemacht haben. Aber wenn dadurch klar wurde, warum die „Ausnahme", die Jesus machte, nur in diesem Evangelium erscheint und nicht bei Markus oder Lukas, dann war das nötig. Vor diesem Hintergrund können wir jetzt die beiden relevanten Textpassagen genauer unter die Lupe nehmen.

Matthäus 5,31-32 (bitte lesen)

Den größeren Zusammenhang zu erkennen, ist entscheidend, wenn man diesen ersten Vortrag über das Königreich verstehen will. Als Teil der berühmten „Bergpredigt" dreht sich hier alles um den Lebensstil.

Ursprünglich war das Thema nur für die Jünger bestimmt. Jesus hatte sie dafür an einen menschenleeren Ort geführt (5,1). Doch schließlich hörte es die Öffentlichkeit, weil die Menschen ihnen gefolgt waren (7,28). Diese Wende spiegelt sich im Inhalt wider. Das sieht man, wenn man 5,13-16 mit 7,13-14 vergleicht.

Es beginnt damit, *wie* die Kinder des Königreichs *sein müssen*, nicht, *was sie tun müssen*, um Licht und Salz für die Gesellschaft zu sein und um von Gott gesegnet und gebraucht zu werden. Ihr lauterer Lebensstil, ihre „Gerechtigkeit", muss weit über das hinausgehen, was das Gesetz vorschreibt und was die Pharisäer vorleben. Ihre Motivation muss aus der richtigen *inneren* Einstellung hervorgehen, dem reinen Herzen. Jesus erwähnt dann eine Reihe von Gegensätzen zwischen dem, was sein Publikum von anderen Lehrern über die Gesetze des Mose „gehört" hat, und was er darüber „zu sagen hat". Seine glaubhafte Autorität (*„Ich aber sage euch"*) stand buchstäblich im Gegensatz zur geliehenen Autorität (der Meinung der führenden Rabbiner) und hinterließ einen tiefen Eindruck (7,28-29).

Seine Interpretation des „Gesetzes" in Bezug auf den Alltag

geht tiefer und ist strikter. Damit wird es viel schwerer, die Dinge umzusetzen, als gemäß den traditionellen Auslegungen. Nehmen wir das sechste Gebot als Beispiel: „Du sollst nicht töten" (Korrekt übersetzt lautet 2. Mose 20,13: „Du sollst nicht morden." Darauf stand die Todesstrafe. Und die musste von anderen ja vollstreckt werden; 1. Mose 21,12). Jesus weist darauf hin, dass der eigentliche Mord am Ende eines Prozesses steht, der in einem Herzen begann, das voller Wut oder Verachtung war. Gott kennt den inneren Menschen, der mit derartigen Gefühlen sein Gesetz bricht und Gottes Gericht heraufbeschwört. Es gibt also weit mehr Mörder, als uns allgemein bewusst ist. Ihnen fehlen einfach nur die Mittel, die Gelegenheit oder der Mut zur Tatausführung. Aber ..., „wenn Blicke töten könnten"!

Genau dasselbe gilt für Ehebruch. Er beginnt im Inneren. Meist wird er durch das begünstigt, was das Neue Testament „die Lust der Augen" nennt (1. Johannes 2,16). Eine Frau anzuschauen und darüber nachzudenken, mit ihr ins Bett zu gehen, ist bereits Ehebruch. Da ist es unwichtig, dass körperlich nie etwas stattgefunden hat. Nur wenige Männer können das hier ohne Gewissensbisse lesen. Kaum einer hat die nötige Quintessenz gezogen (Hiob 31,1).

Aber man kann das siebte Gebot noch auf andere Weise brechen. Das mag uns verwundern. Jesus ging nämlich weiter. Er kritisierte eine rechtskonforme Art der Untreue. Sie unterscheidet sich vom körperlichen und vom geistigen Ehebruch und resultiert aus einer Scheidung vom Partner. Das ist es, womit sich unsere erste Textstelle aus dem Matthäusevangelium befasst.

In diesem Zusammenhang wird zum ersten Mal die Ausnahme erwähnt. Bevor wir sie uns ansehen, müssen wir uns fragen, *wovon* eine Ausnahme gemacht wird. Anders gesagt, wir müssen zunächst den Satz, in dem eine Ausnahmeklausel vorkommt, genauestens analysieren, d.h., wir müssen ihn ohne die Einschränkung lesen. Das relevante Verb sagt aus: „Jemanden in den Ehebruch treiben." Kurz, ein anderer provoziert den

Fehltritt, der geschieht. In diesem Fall ist es der Ehemann. Er hat die Initiative ergriffen und sich von seiner Frau scheiden lassen. Damit hat er sie zur Ehebrecherin gemacht.

Wie hat er das angestellt? Zum einen hat er sie stigmatisiert. Denn viele Leute hatten im Hinterkopf, dass Ehebruch der einzig triftige Grund für eine Trennung war. So lehrte es Schammai. Also wurde ihr das unterstellt. Zum anderen – und das ist wahrscheinlicher – spielte Jesus auf ihre Wiederheirat an, die nahezu unausweichlich war. Denn keine Frau konnte sich damals für einen Arbeitsplatz bewerben. Und es gab keine Sozialhilfe für Alleinstehende. Ihre größte Hoffnung auf Versorgung und Sicherheit war also ein zweiter Ehemann.

Jesus prangert jede Ehe, die nach einer Scheidung geschlossen wird, durchweg als Ehebruch an. Wir haben ja schon in Erfahrung gebracht, dass eine Scheidung das Eheversprechen nicht auflöst. Eine Person, die diese Sünde begeht, ist demzufolge verheiratet. Außerdem macht sich ein Mann, der die geschiedene Frau ehelicht, ebenfalls des Ehebruchs schuldig. Aus Gottes Sicht ist sie nämlich noch gebunden. Der Mann, der sich von seiner Frau scheiden ließ, ist direkt dafür verantwortlich, dass diese ganze Folge von Ehebruch in Gang gekommen ist und dass andere unweigerlich gegen das siebte Gebot verstoßen haben. Er selbst hat (theoretisch bzw. laut Gesetz) keine Übertretung begangen. Doch Gott wird ihn zur Rechenschaft ziehen – wegen der Frau und wegen des zweiten Ehemanns.

Es sei denn, seine Frau hatte sich bereits vorher versündigt und wurde deshalb entlassen. Die Frage ist, inwiefern hat sie sich schuldig gemacht? Wo Jesus auf die eigentliche Scheidung Bezug nimmt, vermeidet er an dieser Stelle das Wort für „Ehebruch" (auf Griechisch: *moicheia*). Das verwendet er erst später, wo er auf die anschließende Wiederheirat anspielt.

Jesus gebraucht hier den griechischen Ausdruck *porneia* (Unzucht). Der Begriff beschreibt allerdings nicht den allgemein anerkannten Scheidungsgrund. Meist wird er mit

"Unzucht" übersetzt. Das hatte Meinungsverschiedenheiten und Endlosdebatten zur Folge. Wir bitten um Verständnis, wenn wir die Bedeutung des Wortes erst später prüfen, dann nämlich, wenn wir der Vokabel in Matthäus 19 noch einmal begegnen. Dort steht sie in einem Kontext, der für unser Thema noch mehr Relevanz hat.

Momentan reicht es aus zu sagen, dass "porneia" sich auf ein Verhalten bezieht, das beides ist, *sexuell* und *sündhaft*. Mit dieser einfachen Definition können wir zusammenfassen, was Jesus an dieser Stelle sagt. Ihm geht es vor allem darum, auf welche Weise das siebte Gebot gebrochen werden kann: körperlich, geistig aber auch juristisch. Im zuletzt genannten Fall dadurch, dass man *andere* (die geschiedene Ehefrau und ihren zweiten Mann) in eine ehebrecherische Beziehung treibt, auch ohne selbst Ehebruch zu begehen.

Unter besonderen Umständen wird der geschiedene Ehemann *nicht zur Verantwortung gezogen*, nämlich dann, wenn die Ehefrau bereits *vor* der Scheidung in sündhafte sexuelle Aktivitäten verstrickt war. Unter diesen Voraussetzungen hat der Ehemann keinerlei Schuld an der sich anschließenden Unmoral. Sie hatte diesen Weg ja bereits vorher gewählt. So einfach ist das.

Es wird zwar nicht ausdrücklich erwähnt, aber sehr wohl impliziert, dass eine Scheidung dann gerechtfertigt und legal sei, wenn die Frau untreu war. Bei dieser Sachlage *kann* eine Ehe geschieden werden. Hinweise darauf, dass Jesus die Scheidung für *obligatorisch* hielt, wie es die jüdische Kultur vorschrieb, gibt es jedoch nicht. Sicherlich wäre eine Scheidung für Jesus nur der letzte Ausweg. Denn in der Tat hielt er gerade eine Predigt, in der er ganz viele Male dazu aufforderte, über Beleidigungen und Ungerechtigkeiten hinwegzusehen, die andere Wange hinzuhalten und eine Extrameile zu gehen, sich zu versöhnen, bevor man Gott anbetet, zu verzeihen, bevor man Vergebung erwartet, für Feinde zu beten und diejenigen zu segnen, die einem Schmerzen zugefügt haben.

In puncto Scheidungsgründe findet man im nächsten

Abschnitt eine unverblümte Erläuterung. Darin ist ebenfalls die „Ausnahmeklausel" enthalten. Nur der Wortlaut ist mitunter minimal anders (In einigen Bibelübersetzungen steht anstatt „es sei denn" „außer wegen".) Mit dem Wort *porneia* müssen wir uns in diesem Zusammenhang ohnehin befassen.

Matthäus 19,1-12 (bitte lesen)

Zunächst ist anzumerken, dass das, was hier geschildert wird, dem in Markus (10,1-12) dermaßen ähnelt, dass es dieselbe Situation sein muss. Wir befinden uns am selben Ort, dem östlichen Ufer des Jordans (im Territorium von Herodes), auf der letzten Reise Richtung Jerusalem und mit genau denselben Protagonisten, den Pharisäern. Sogar der Wortlaut deutet darauf hin, dass Matthäus Markus einfach nur kopiert hat. Davon gehen viele Gelehrte auch aus.

Deutlich ist, dass er dabei nicht unreflektiert und wortwörtlich vorging. Vielmehr hat er den Inhalt für seine eigenen Zwecke und für seine Leserschaft adaptiert. Es gibt ein paar erkennbare Unterschiede zwischen beiden Berichten, sogar Diskrepanzen. Grundsätzlich sind beide in zwei Abschnitte unterteilt: die öffentliche Auseinandersetzung mit den Pharisäern, gefolgt von einem Gespräch im privaten Umfeld. Dennoch ist der Inhalt des zweiten Teils jeweils ein völlig anderer. Klar ist allerdings, dass sich beide ergänzen, nicht widersprechen.

In der öffentlichen Diskussion wurden die Hinweise auf das Gesetz des Mose und der Fingerzeig Jesu auf die Schöpfung miteinander vertauscht. Doch das beeinträchtigt den Fluss nicht ernsthaft. In Bezug auf Mose wurden zwei Verben verändert: Die Pharisäer benutzten „zulässig sein" und Jesus sagte „erlauben". Matthäus ließ in seiner Missbilligung der Scheidungsurkunde auch die Worte „der Frau" aus. Obendrein vermied er jeglichen Verweis auf Frauen, die sich von ihren Ehemännern scheiden ließen.

Der vielleicht eklatanteste Unterschied besteht in der Formulierung der „Testfrage", die die Pharisäer am Anfang stellten. Im Markusevangelium fragten sie nur, ob eine Scheidung „erlaubt" sei. Anders gesagt, gibt das mosaische Gesetz einer Scheidung überhaupt statt? Dieses Anliegen ist ein allgemeines. Dem wird in Matthäus aber ein Attribut hinzugefügt: *„aus jedem beliebigen Grund"*. Das macht die Sache spezifisch. Denn dieser Zusatz spielt vermutlich auf die Lehrmeinung von Rabbi Hillel an. Der vertrat eine absolut liberale Handhabung. Damit stand er im Widerspruch zu Rabbi Schammai und dessen strenger, konservativer Haltung (nur im Falle von Ehebruch). In der Version von Matthäus scheint es so, als wollten sie Jesus nötigen, eine Aussage darüber zu machen, für wen er in der aktuellen Kontroverse „Partei" ergriff. Eine der beiden Fraktionen hätte er mit seiner Antwort sowieso vor den Kopf gestoßen. Gesetzt den Fall, die „Ausnahme" hätte tatsächlich Bezug auf Ehebruch genommen, hätte Jesus exakt mit Schammai übereingestimmt. Allerdings lässt sich damit die erstaunte Reaktion der Jünger nicht erklären. Wir wollen aber nicht vorgreifen.

Abgesehen von der Ausnahme korrespondiert Matthäus' Schilderung im Wesentlichen mit der von Markus. Alles, was wir darüber gesagt haben, gilt und muss nicht wiederholt werden. Die gravierenden Unterschiede müssen wir jedoch sorgfältig studieren, speziell die „Ausnahme" und das Gespräch mit den Jüngern.

Befassen wir uns zunächst mit der Ausnahmeregelung. Darin verzichtete Jesus, wie gesagt, auf das Wort Ehebruch (griechisch: *moicheia*). Er benutzte es aber unmittelbar danach, sogar noch in derselben Aussage. Hätte er das allerdings gleich getan, wäre uns viel Schreiberei und unsinniges Gerede erspart geblieben. Natürlich sprach Jesus kein Griechisch. Man kann aber davon ausgehen, dass Matthäus den Begriff, den Jesus auf Hebräisch bzw. Aramäisch gebrauchte, richtig wiedergab. Deshalb befassen wir uns mit *porneia*, dem Wort, dessen sich Matthäus in der Ausnahme bedient. Wir wollen herausfinden, welche Bedeutung es für ihn und seine Leser hatte. Es macht uns die Sache etwas leichter, wenn wir uns hier der neuen Lutherbibel anschließen, die das Wort mit Unzucht übersetzt. Die Begriffsbeziehung von „Unzucht" und „Ehebruch" eröffnet drei Optionen:

I. Sie haben die*selbe* Bedeutung. Insofern sind sie austauschbare Synonyme. Stellen Sie sich einfach einen Kreis vor, der die Buchstaben „U" und „E" enthält.

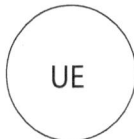

II. Ihre Bedeutungen *überschneiden* sich in gewisser Weise. Gewöhnlich geht man davon aus, dass das eine das andere einschließt. Dabei wird allerdings ein anderer Sinngehalt nicht ausgeschlossen. Stellen Sie sich einen kleineren Kreis mit der Bezeichnung „E" vor, innerhalb eines größeren Kreises mit der Bezeichnung „U".

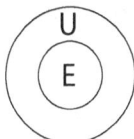

III. Sie haben ganz *unterschiedliche* Bedeutungen. Sie werden durch zwei Kreise dargestellt, die gleichberechtigt nebeneinanderstehen. Einer repräsentiert „U" und der andere „E".

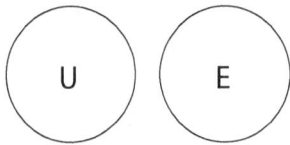

Diese drei „Diagramme" decken alle wesentlichen Interpretationen der Ausnahme ab. Wir werden sie uns nun nacheinander ansehen.

I. Dieselbe Bedeutung

Davon gehen die meisten modernen englischen und deutschen Übersetzungen aus bzw. suggerieren es. Die „Gute Nachricht Bibel" ist so ein Fall. Sie macht aus beiden Worten „eheliche Untreue". Im Laufe der Jahrhunderte sind auch viele Kirchengemeinden und Christen damit so umgegangen. Die Änderung in der Wortwahl, von „Unzucht" hin zu „Ehebruch", wird als theologisch bedeutungslos abgetan. Sie wird als nettes Beispiel für literarische Vielfalt erachtet und scheint eher dem Schreibstil von Matthäus geschuldet, als der tatsächlichen Aussage Jesu.

Das erleichtert die Anwendung in der Seelsorge enorm. Hat ein Ehebruch stattgefunden oder nicht? Wenn ja, dann sind Scheidung und Wiederheirat legitim und man kann zustimmen, andernfalls nicht.

Doch diese Interpretation macht Missbrauch in zweierlei Hinsicht möglich: Erstens kann die Ehe ganz bewusst gebrochen werden, um die Voraussetzungen für eine Scheidung zu „schaffen". In der Zeit, als diese Praxis im englischen Recht die Ermächtigungsgrundlage war, gab es ein weithin bekanntes Phänomen. Leute aus London quartierten sich in bestimmten Hotels in Brighton ein. Dort organisierte ihnen das Personal ein Zimmermädchen für eine Nacht. Obendrein stellte es eine schriftliche Bestätigung aus, dass man beide zusammen im Bett „erwischt" hatte!

Zweitens, juristisch gesehen konnte man Untreue als Scheidungsgrund angeben, auch wenn der Ehebruch erst stattfand, *nachdem* die Ehe zerrüttet und das Paar bereits getrennt war. Dieser Vorwand konnte also dazu dienen, die wahre Ursache zu verdecken.

Diese beiden Arten der Vorspiegelung falscher Tatsachen, gehörten zu den Argumenten, die in den 1960er Jahren in England dazu führten, dass bestehende Rechtsgrundlagen im Gesetz geändert wurden. Nun war nur noch eine Sache von Bedeutung: „Unüberbrückbare Differenzen in der Ehe" *[In Deutschland wurde das Zerrüttungsprinzip erst 1977 eingeführt; Anm. der Übersetzerin].* Damit wurde auch anerkannt, dass es schwierig ist zu beweisen, dass eine der beiden Parteien allein schuldig bzw. unschuldig ist.

II. Sich Überschneidende Bedeutungen

So etwas lässt sich leicht im Form eines größeren Kreises darstellen, der einen kleineren beinhaltet. Zu „Unzucht" zählt jegliche Art von unstatthaftem Sex, sowohl von Singles als auch von Verheirateten. „Ehebruch" kann allerdings nur von Verheirateten begangen werden.

Das ist vermutlich die am weitesten verbreitete Interpretation. Denn „Unzucht" (griechisch: *porneia*) wird allem Anschein nach im Neuen Testament in Bezug auf A*lleinstehende* und *Verheiratete* gleichermaßen benutzt. Das trifft besonders auf die Offenbarung zu (2,21; 9,21; 14,8; 17,2.4; 18,3; 19,2).

Diese Auffassung schafft weitere Probleme, zusätzlich zu den bereits (unter I. „Dieselbe Bedeutung") beschriebenen Abwegigkeiten.

Erstens erweitert sich das Spektrum an Rechtfertigungen. Man kann zu Unzucht alles hinzurechnen: Inzest, Pädophilie, Homosexualität sowie Sodomie. Sollte damit nur gemeint sein, dass jemand einen Orgasmus hat, egal, ob mit einer Person oder einem Gegenstand – freilich abgesehen vom eigenen Ehepartner –, müsste dann nicht auch Masturbation in die Liste aufgenommen werden?

Zweitens: Nachdem Jesus lehrte, dass Ehebruch im Kopf als Sünde genauso schwer wiegt wie Ehebruch mit dem Körper, was ist dann mit pornografischen Schriften und mit Filmen (im Fernsehen)? Und wie ist ein umherschweifender Blick zu werten?

Obendrein, was hat es mit geistlichem „Ehebruch" auf sich, wie ihn Israel begangen hat, als die Nation „anderen Göttern nachlief"? Ist eine Scheidung gerechtfertigt, wenn ein Partner seinen Glauben wechselt oder ein Gläubiger zu einem

Ungläubigen wird? Diese Situation werden wir uns in 1. Korinther 7,12 noch einmal genauer anschauen.

Es liegt in der Natur des Menschen, Gesetzeslücken zu suchen und sie dann auszuweiten. Es überrascht nicht, dass Leute, die eine weitergefasste Bedeutung von „Unzucht" geltend machen, darauf drängen, auch andere Übertretungen einzubeziehen. Sie werfen gezielte Fragen in den Ring: Warum ist Jesus nur auf sexuelle Entgleisung eingegangen und hat sich die Gemeinde nicht darin verrannt? Würde er körperliche und seelische Grausamkeit nicht auch als zerstörerisch für eine Ehe ansehen? Wie relevant sind z.B. Vernachlässigung, Zerrüttung, finanzieller Druck und andere Erschwernisse für das Scheitern einer Ehe?

Solche Phantasiespielchen über das, was Jesus gedacht haben *könnte*, bergen die Gefahr, ihm unsere eigenen Ideen unterzujubeln. Die logische Schlussfolgerung ist, dass er die meisten – wenn nicht gar alle – Scheidungen und Folgeehen billigen würde. Einige Christen behaupten das glatt und berufen sich auf sein „Erbarmen", das er gerade oder ganz speziell schuldbeladenen Sündern entgegenbringt. Ehebruch kann doch gewiss keine unverzeihliche Sünde sein!

Davon auszugehen, dass „Unzucht" und Ehebruch gleichbedeutend sind bzw. dass „Unzucht" Ehebruch beinhaltet, *kann* zu einer Abwärtsbewegung führen, die kaum mehr zu stoppen ist. Das musste bereits manch einer feststellen. Ein Grund mehr, eine dritte Möglichkeit in Betracht zu ziehen:

III. Unterschiedliche Bedeutungen
Hier geht man davon aus, dass Jesus ganz bewusst verschiedene Worte wählte, nämlich eines für die Ausnahmeklausel (*porneia*), dort, wo es um Scheidung geht, und ein anderes (*moicheia*) dort, wo es um Wiederverheiratung geht.

Es gibt einen präzisen biblischen Grund für diese klare Unterscheidung zwischen beiden: In der Liste von Sünden und Sündern wird beides einzeln und doch nebeneinander aufgezählt (siehe Matthäus 15,19; Markus 7,21; 1. Korinther 6,9; Hebräer 13,4). Nicht nur Jesus, sondern auch die apostolischen Schriftsteller gingen so vor. Folglich kommt weder eine Bedeutungsgleichheit noch eine Überlappung infrage.

Was also unterscheidet „Unzucht" von „Ehebruch"? Es muss eine gewisse Verschiedenheit zwischen beiden geben. Die einfachste und logischste Erklärung ist, dass sich das eine auf unerlaubten Geschlechtsverkehr *vor* der Ehe bezieht, wohingegen sich das andere auf unerlaubten Geschlechtsverkehr *nach* der Heirat bezieht. In der Tat, das entspricht genau den Definitionen im Englischen. Das Oxford Dictionary bezeichnet Unzucht als „freiwilligen Geschlechtsverkehr von unverheirateten Personen" *[Als Rechtsbegriff wurde Unzucht in Deutschland in den 60iger Jahren abgeschafft; Anm. der Übersetzerin]*. Und Ehebruch ist der „freiwillige Geschlechtsverkehr einer verheirateten Person mit jemand anderem als dem eigenen Ehegatten" (Eine Vergewaltigung ist also in beiden Fällen nicht gemeint. Denn alles passiert „freiwillig".). Spiegelt der englische Sprachgebrauch das Griechische wider bzw. die vormalige lateinische Lesart? Gut möglich.

Vielen wird wahrscheinlich gar nicht bewusst sein, wie viel dafür spricht, „Unzucht" derart aufzufassen, besonders zu Zeiten Jesu. Lassen Sie uns folgende Argumente in Betracht ziehen:

1. Damit wird nachvollziehbar, warum die „Ausnahme" nur bei Matthäus zu finden ist. Dieses Evangelium richtete sich in erster Linie an die jüdischen Gläubigen der frühen Gemeinden, die eben vorwiegend jüdisch geprägt waren. Das hatten wir ja schon festgestellt. Die jüdische Kultur war ein ernstzunehmender Faktor, der berücksichtigt werden musste. Das äußerte sich auch deutlich in den Ergebnissen des Jerusalemer Konzils (Apostelgeschichte 15,28-29). Interessanterweise ist der Verzicht auf Unzucht (*porneia, also* das gleiche Wort) eines der vier Dinge, zu denen die nichtjüdischen Gläubigen aufgefordert wurden. Sie sollten sich

aus Sensibilität gegenüber den Skrupeln der Juden daran halten. Nichtsdestotrotz galt das natürlich für alle Gläubigen, Juden und Nichtjuden. Die jüdische Kultur basierte indes auf den mosaischen Gesetzen, die unter Androhung der Todesstrafe von einer Braut Jungfräulichkeit verlangten (5. Mose 22,20-21). War dem nicht so, ließ sich das leicht beweisen: Wenn sie nämlich bereits vor der Ehe schwanger war oder beim Vollzug der Ehe nicht blutete.

Zur Zeit Jesu war das Strafmaß bereits reduziert worden: Scheidung statt Todesstrafe. Doch beide entsprachen der Vorschrift. Das hätte auch fast die Eltern Jesu, Joseph und Maria, getroffen, wie Matthäus ebenfalls (1,19) berichtete. Eine Verlobung stellte eine verbindliche Zusage der Ehe dar. Wurde sie aufgelöst, kam es einer „Scheidung" gleich. Joseph, der ein gerechter (frommer, anständiger) Mann war, beschloss, sich von Maria zu trennen. Dabei wollte er, dass die Öffentlichkeit davon so wenig wie möglich mitbekam. Die daraus resultierende Schande sollte auf ein Minimum beschränkt bleiben. Wie sein Namensvetter empfing er göttliche Offenbarung in seinen Träumen. Vom Engel überzeugt, dass Maria ihm nicht untreu gewesen war, heiratete er sie sofort und nahm die Verantwortung für ihre Schwangerschaft auf sich.

2. Das erklärt zudem, weshalb die „Ausnahme" weder im Markus- noch im Lukasevangelium vorkommt. Beide wurden primär für nichtjüdische Leser geschrieben. Weder die griechische noch die römische Kultur setzte voraus, dass eine Braut vor der Eheschließung Jungfrau war. Der Verlust der Jungfräulichkeit stand überdies nicht unter Strafe. Vermutlich war Jesu Ausnahme den Verfassern der Evangelien bewusst. Sie hielten sie allerdings nicht für erwähnenswert.

3. So erklärt sich auch die erstaunte Reaktion seiner Jünger auf die Lehre Jesu (Matthäus 19,10: „Wenn es zwischen Mann und Frau so steht, ist es besser, gar nicht zu heiraten!").

Hätte Jesus schlicht dem konservativen Rabbiner Schammai zugestimmt (nur bei Ehebruch) und damit dem liberalen Rabbi Hillel widersprochen (aus jedem beliebigen Grund), wäre das von seinen Jüngern erwartet und akzeptiert worden. Aber gesetzt den Fall, sie verstanden ihn so, dass ausschließlich ein Fehltritt, der vor der Heirat geschah, die Bindung auflösen konnte, nicht einer, der danach passierte, dann ist sowohl der Ton als auch der Inhalt ihres Kommentars nachvollziehbar: Lass dich nicht auf eine Ehe ein, der man nicht entfliehen kann!

Matthäus' Variante vom Meinungsaustausch mit den Jüngern, der nach der öffentlichen Kontroverse mit den Pharisäern stattfand, entspricht nicht der von Markus. Das haben wir bereits erörtert. Beide ergänzen sich aber und sind nicht konträr zueinander. Sie nehmen unterschiedliche Diskussionsfäden auf und spinnen sie weiter. Im Matthäusevangelium vertieft sich Jesus in die Ehelosigkeit. Er schweift damit so abrupt von der Scheidungsthematik ab, dass einige Gelehrte glauben, dass seine Aussage aus einem anderen Kontext stammen muss. Das kommt daher, dass sie das Nächste, was Jesus sagte, missverstanden haben.

Seine unerwartete Antwort auf die erschütternde Schlussfolgerung der Jünger, die schockiert waren, lautete wörtlich: „Nicht alle akzeptieren dieses Wort" (griechisch: *logos*). Auf wessen „Wort" (Spruch, Rede, Argumentation) bezieht er sich in dem Moment – auf seines oder ihres? Viele sagen, er nimmt Bezug auf seine eigene Aussage (in den Versen 8-9). In zig Übersetzungen wird „logos" adäquat mit „Lehre" wiedergegeben, so zum Beispiel auch in der Hoffnung für Alle. Aber das zerstört den Fluss in Jesu Äußerungen. Mehr Sinn macht es, dass er mit dem, was folgt, auf die Bemerkung seiner Jünger eingeht.

Die Jünger gehen davon aus, dass das Zölibat der einfachere Weg sei und dass man sich dazu willentlich entscheiden kann. Jesus aber sagt, dass das Alleinleben eine Gabe sei. Er betont, dass es einer äußeren Komponente bedarf, um es zu ertragen.

Denn es ist eine weniger natürliche und schwierigere Lebensweise als die Ehe. Einige sind von Natur aus seit ihrer Geburt für das Junggesellenleben geschaffen. Andere wurden durch den Umgang mit Menschen zum Single gemacht (Dass jemand einfach keine Gelegenheit hatte zu heiraten bzw. eine Amputation vorliegt, rechnen wir dazu.). Wieder andere haben die Gnade erhalten, um des vorher erwähnten Himmelreiches willen auf die Ehe zu verzichten (Das ist ein kühnes Unterfangen, das einen Menschen etwas kostet.). Jesus selbst ist ein Beispiel dafür. Die nachfolgende Aussage beginnt und endet mit dem gleichen Verb: „Wer es zu fassen *vermag*, der fasse es (das Zölibat)". Jesus deutet an, dass die Ehe für die meisten Menschen das Normale ist, auch wenn die Jünger sie als Fessel fürs Leben sehen.

4. Damit löst sich die Spannung allmählich auf, die zwischen Matthäus auf der einen Seite und Markus/Lukas auf der anderen Seite besteht. Wenn „Unzucht" sich auf voreheliche Promiskuität bezieht, dann stimmen die synoptischen Evangelien überein. *Nichts*, was nach einer Eheschließung geschieht, kann eine Scheidung rechtfertigen. Deshalb sind *alle* Folgeehen nach einer Scheidung als Ehebruch zu werten. Die Maßstäbe, die Jesus anlegt, sind absolut. Hier wird nichts relativiert.

Vielen erscheint das als „hart", „grausam" und „unbarmherzig". So wurde auch über Prediger gesprochen, die diese Meinung vertraten. Aber Matthäus selbst notierte, dass Jesus einen höheren „Gerechtigkeitsmaßstab" anlegte als die strengsten Juden. Sogar die Zehn Gebote legte er noch strikter aus. Sein Mitgefühl verleitete ihn nie dazu, seine Maßstäbe auf menschliches Niveau zu senken. Stattdessen tat er alles, was in seiner Möglichkeit stand, um Menschen in die Lage zu versetzen, an seine Standards heranzureichen. Dafür schreckte er selbst vor dem Tod nicht zurück. Diesem Vorbild müssen wir als seine Anhänger folgen.

Einige überzeugt die gewagte Beweisführung, die die „Ausnahmeklausel" auf diese dritte Art deutet, wahrscheinlich nicht. Aber zumindest wurde ein gewisser Zweifel an der traditionellen Auffassung gesät. Wenn dem so ist, sollten wir uns Folgendes fragen: „Wer würde aus dem Zweifel Nutzen ziehen, unser Herr oder wir selbst, die wir gar so eifrig bemüht sind, uns selbst zu rechtfertigen?"

Eine Anmerkung des Autors: In den 1960er Jahren saß ich als Mitglied in der Scheidungskommission der Evangelischen Allianz. Dort wurde über den Änderungsvorschlag vom „Verschuldungs-" zum „Zerrüttungsprinzip" im englischen Scheidungsrecht beraten. Nachdem ich meine Meinung zu „Unzucht" in der „Ausnahmeklausel" kundgetan hatte, wurde ich gebeten, für die nächste Sitzung ein Papier zu diesem Thema vorzubereiten. Das habe ich ordnungsgemäß abgegeben. Doch der Vorsitzende, John Stott, vertrat die „Ehebruch"-Position. Die Mehrheit stimmte ihm zu. Dies wurde letztendlich in dem Bericht festgehalten. Als Jüngster der Anwesenden hatte ich damals nicht den Mut, auf eine Minderheitserklärung zu drängen. Das bedauere ich bis heute. Wir waren uns einig in unserer Befürchtung, dass die neue Rechtsordnung zu einer erheblichen Erhöhung der Scheidungsrate führen würde. So kam es schließlich auch.

Anmerkung:
Wer sich tiefer mit der Bedeutung und der Bewandtnis des Wortes „Unzucht" im Altgriechischen, im Neuen Testament und in der frühen Kirchengeschichte auseinandersetzen will, für den bietet das Buch von Daniel R. Jennings eine ausgezeichnete Forschungsgrundlage: *Except for Fornication (Außer bei Unzucht; Anm. der Übersetzerin]*, veröffentlicht von Sean Multimedia, unter www.seanmultimedia.com. Der Untertitel lautet: *Warum Evangelikale ihre Interpretation von Matthäus' Ausnahmebestimmung zur Scheidung neu bewerten müssen.* Er tritt überzeugend dafür ein, dass der Begriff Unzucht nur auf Unverheiratete angewendet werden kann.

3. SEIN BEISPIEL (JOHANNES)

Jeder Bibelschüler ist sich bewusst, dass zwischen den „synoptischen" Evangelien (Matthäus, Markus und Lukas) und dem Johannesevangelium Unterschiede bestehen (In der Bibel kommt es an vierter Stelle. Es wurde auch als viertes geschrieben, weit nach den anderen.). Daher wird es oft als „Viertes Evangelium" betitelt. Es unterscheidet sich auf vielfältige Weise. Ihm fehlen die Gleichnisse vom Königreich, die alle anderen beinhalten. Doch das Johannesevangelium enthält die großen „Ich bin"-Aussagen, die den anderen abgehen. Sie erzählen, was Jesus *getan* und *gesagt* hat, Johannes hingegen berichtete, wer Jesus *war*.

Johannes ist der einzige Verfasser eines Evangeliums, der seine Absicht erklärt (20,30). Meist wird sie missverstanden, weil man die Zeitform der Verben in diesem Vers nicht richtig erkennt. Im Griechischen zeigt die „Verlaufsform des Präsens" an, dass man mit etwas kontinuierlich weitermachen muss. Johannes schrieb nicht, um Ungläubige davon zu überzeugen, anzufangen zu glauben, sondern, um Gläubigen zu helfen, unaufhörlich daran zu glauben, dass Jesus der Sohn Gottes *war*. Indem man im Glauben daran festhielt, würde man ewiges Leben erlangen. (Die gleichen Tempusformen finden sich in 3,16.). Johannes brachte alles in Ephesus zu Papier. Anlass war, einer falschen Lehre entgegenzuwirken, die Kerinth *[ein gnostischer Lehrer; Anm. der Übersetzerin]* verbreitete. Der behauptete, Jesus sei weder vollkommen Mensch noch vollkommen Gott, sondern irgendwie dazwischen! Um seine Göttlichkeit zu untermauern, führte Johannes sieben Zeugen an (von Johannes dem Täufer bis Thomas), sieben Wunder (alle spektakulärer und „gewaltiger" als die in den synoptischen Evangelien) und sieben Aussagen über Jesus selbst (vom „Brot des Himmels" bis hin zu „der Weg", „die Wahrheit" und „das Leben").

Aber der Unterschied, der für uns wichtig ist, ist der Wandel von Gruppen zu Individuen. Jesus hatte mit beiden zu tun und einige seiner einprägsamsten Botschaften wurden genau einer

Person anvertraut. Zwei Beispiele fallen mir ein: die Frau am Brunnen und die Frau, die beim Ehebruch ertappt wurde.

Johannes 4,4-42 (lesen)

Die Samariter waren das Ergebnis von Mischehen zwischen Juden, die den Deportationen Israels nach Assyrien bzw. Judas nach Babylon entgangen waren, und den verbliebenen Kanaanitern, die noch im Land lebten. Sie wurden von den Juden, die aus dem Exil zurückkehrten, verachtet und gehasst. Anstatt durch Samarien zu wandern, nahmen Pilger aus Galiläa deshalb lieber den längeren Weg über das Ostufer des Jordans, um nach Jerusalem zu kommen. Bei Jericho wechselten sie wieder hinüber. Diese Umstände machen natürlich das Gleichnis vom barmherzigen Samariter ganz besonders ergreifend und herausfordernd.

Aus irgendeinem Grund „musste" Jesus die Abkürzung nehmen (Warum, wird uns nicht gesagt.). So kam er mit einer unliebsamen Samariterin in Kontakt. Sie wollte in der Mittagssonne Wasser aus einem Brunnen schöpfen. Vielleicht vermied sie es, jemandem zu begegnen. Sie war überrascht, als Jesus sie um einen Schluck Wasser bat (Denn Johannes erklärt: „Die Juden meiden nämlich jeden Umgang mit den Samaritanern."). Er gab ihr zu verstehen, dass er selbst fähig und bereit war, ihr einen Trunk einer besseren Flüssigkeit, „lebendiges Wasser" zu geben. Dabei bezog er sich auf den Heiligen Geist (7,39). Doch davon wollte sie anfangs nichts wissen. Also machte sie einen leichtfertigen und ausweichenden Witz über ihre tägliche Tour zum Brunnen.

Es war Zeit, ernsthaft und persönlich zu werden. Als Jesus sie aufforderte, ihren Mann für ein Treffen herzuholen, sagte sie, dass sie keinen Mann habe. Völlig unerwartet wurde ihr durch ein „Wort der Erkenntnis" gesagt, dass sie bereits fünf Ehemänner hatte. Zurzeit würde sie mit einem anderen Mann zusammenleben. Diese Enthüllung, die der Wahrheit entsprach, überzeugte sie davon, dass sie mit dem erwarteten Messias redete. Sie rannte los, um den anderen ihre Entdeckung mitzuteilen. Das führte schließlich zu einer Mini-Erweckung unter den Samaritern, die sich als „reif für die Ernte" erwiesen.

Uns wird nicht berichtet, wie es dazu kam, dass sie fünf Ehemänner „verloren" hatte. Es ist höchst unwahrscheinlich, dass alle fünf gestorben waren. Zumindest von einigen, wenn nicht von allen, muss sie geschieden worden sein. Sie hatte mit Sicherheit gegen das mosaische Gesetz verstoßen (woran die Samariter ebenso wie die Juden festhielten, sogar bis heute). Zusammenleben war Unzucht. Warum war sie nicht mit Mann Nummer sechs verheiratet? Vielleicht, weil sie noch nicht von Nummer fünf geschieden worden war. Wie auch immer, ihr Lebensstil war bis zu diesem Tag ungesetzlich.

Was wir eigentlich wissen wollen, ist, ob Jesus sie in Bezug auf ihre Beziehungen beraten hat. Wenn ja, welchen Rat gab er ihr, um die Situation aus Sicht des gerechten Gottes zu bereinigen? Es mag uns vielleicht frustrieren, doch wir erfahren es nicht. Es gibt so viele Möglichkeiten: Er hätte ihr sagen können, sie solle zum fünften Ehemann zurückkehren, oder zu Nummer 4,3,2 oder 1. Vielleicht auch, dass sie Nummer 6 heiraten oder ab jetzt zölibatär leben sollte. Oder einen neuen Mann finden, der an Jesus glaubt. Oder etwas ganz anderes: Weil sie eine so erfolgreiche Evangelistin war, galten in ihrem Fall seine Gebote hinsichtlich Scheidung und Wiederheirat nicht (Klar, das klingt lächerlich. Diese Alternative wurde dem Autor aber tatsächlich unterbreitet.).

Kann sein, dass wir darüber nicht informiert werden, weil Johannes die Absicht hatte, Jesus als Person hervorzuheben – wer und was er ist. Es ging ihm weniger darum, welche Empfehlungen Jesus seinen Aposteln gab. Diese Situation in Samarien illustriert das sehr gut (siehe auch die Verse 25-29 und 42).

Es mag einen weiteren Grund geben, warum Johannes uns so spärlich über die persönliche Wiederherstellung der Frau informiert. Der Heilige Geist wollte daraus keinen Präzedenzfall machen, den wir auf ähnliche Umstände übertragen könnten.

Die menschliche Natur zieht es generell vor, einem Leitfaden zu folgen, um Lösungen zu finden, anstatt darum zu ringen, weise vorzugehen. Doch Christus ist unsere Weisheit (1. Korinther 1,30).

Wenden wir uns nun einer anderen Erzählung zu. Sie offenbart uns Jesu Empfehlung für eine andere unmoralische Frau.

Johannes 8,2-11 (bitte lesen)

Zunächst ist zu sagen, dass dieser bewegende Vorfall nicht so gut belegt ist wie der Rest des Johannesevangeliums. Die frühesten griechischen Manuskripte enthalten ihn nicht. Das ist in einigen Übersetzungen als Fußnote vermerkt. Aber alles ist so charakteristisch für Jesu Einstellung und Verhalten, dass die meisten Prediger nicht davor zurückschrecken, es als eine authentische Begebenheit darzustellen. Doch nur wenige von ihnen wissen zu schätzen, was Jesus in Wirklichkeit für die Frau tat. Ihnen fehlen Einsichten in die jüdische Lebensweise.

Die meisten erkennen, dass man nicht hinter der Frau her war, als man die Schuldige zu Jesus schleppte. Es ging um ihn. Es war eine „Falle". Man stellte Jesus vor eine scheinbar unmögliche Entscheidung. Das Gesetz des Mose forderte für Ehebruch den Tod durch Steinigung. Wenn Jesus das in ihrem Fall abgelehnt hätte, (War das ihre Vermutung?), hätte er von den Juden angeklagt werden können, das Gesetz zu missachten. Hätte er zugestimmt, so hätten ihn die Römer beschuldigt, ihr Gesetz zu missachten. Denn nur sie hatten das Recht, die Todesstrafe zu verhängen. Egal, wie Jesus sich entschieden hätte, er hätte so oder so in echten Schwierigkeiten gesteckt.

Im Mittelpunkt steht also nicht die Frau, sondern Jesus mit seiner Weisheit, die es ihm ermöglichte, der Falle zu entkommen, ohne sich selbst zu belasten. Er erwies sich als besserer Rechtskenner als seine Gegner (Das ist sicher auch etwas, das wir aus dem ganzen Evangelium lernen sollten.). Gemäß Gesetz hätte er den Tod *beider* fordern können, des Mannes und der Frau, die beide beim Ehebruch ertappt worden waren (5. Mose 22,22).

Doch nur die Frau war bei der Tat festgenommen worden. Es war ein beschämendes Zeugnis für männlichen Chauvinismus.

Stattdessen berief er sich auf einen Rechtsbrauch in der jüdischen Kultur: Niemand, der sich des gleichen Verbrechens schuldig gemacht hatte wie der Angeklagte, konnte Zeuge der Anklage sein. Zu viele Leute sind bisher davon ausgegangen, dass „ohne Sünde" sich auf jede Art von Sünde bezieht. So gesehen könnten nur moralisch Vollkommene jemals Strafen vollstrecken. Das würde das Ende jeglicher Anwendung von Recht bedeuten! Kein Polizist, kein Elternteil könnte jemals seiner Verantwortung nachkommen. Dennoch wird Jesu Aussage für gewöhnlich so zitiert, dass jegliche Art der Vergeltungsmaßnahme hinfällig sein sollte. Nein, er sagte zu den Anklägern der Frau lediglich: „Solltest du niemals unerlaubten Sex gehabt haben, dann bist du dazu berechtigt, sie zu verurteilen und zu bestrafen!" Bezeichnenderweise gaben die Älteren ihre Schuld bereitwillig zu, während die Jüngeren versuchten, sie mit eiserner Stirn zu leugnen. Und doch sind sie schließlich ebenfalls abgezogen. Der Grundsatz, dass niemand, der sich des *gleichen* Vergehens schuldig gemacht hat, das Recht hat, einen anderen zu verurteilen, ist übrigens im menschlichen Gewissen verankert.

Inzwischen bückte sich Jesus und schrieb mit dem Finger im Staub zu seinen Füßen. Uns wird nicht gesagt, warum er das getan oder was er geschrieben hat. Diente das nur dazu, seinen durchdringenden Blick von der zerzausten Frau und ihren Anklägern zu nehmen und ihnen Zeit zu geben, ihre Position zu überdenken? Oder erinnerte es sie daran, dass Gott das siebte Gebot für Mose (2. Mose 31,18) mit seinem Finger auf Stein geschrieben hatte? Oder war es ein Hinweis darauf, dass er selbst beim Schreiben seine Hand, oder zumindest einen Finger, im Spiel hatte? Dieses Detail in dem Bericht dient einem simplen Zweck: So war es; was auch immer er damit andeutete. Solche beiläufig erwähnten Tatsachen sprechen eben für die Richtigkeit und Authentizität der Geschichte.

Jesus war nicht in die Falle getappt. Noch dazu hatte er die Frau aus ihrer Zwangslage befreit. Dann stellte er ihr zwei Fragen, mit denen er gleichzeitig darauf hinwies, dass diejenigen abgezogen waren, die sie ergriffen hatten. Sie gab die passende Antwort. Jetzt sprach er sein eigenes Urteil und gab ihr Weisung.

Man kann seine Aussage überinterpretieren. Er teilte ihr nämlich nicht mit, dass ihr vergeben war, geschweige denn, dass sie gerettet sei. Obwohl Prediger das gerne so sehen. Er verwies vielmehr auf einen unstrittigen Fakt des jüdischen Gesetzes: Eine solch ernsthafte Anschuldigung erfordere „zwei oder drei Zeugenaussagen" aus erster Hand. Aber alle waren verschwunden und Jesus war keiner von ihnen. Dennoch muss er gewusst haben, dass sie schuldig war. Er sagte hier nur: „Die Klage wird abgewiesen." Dagegen gab es nichts einzuwenden.

Das entsprach einer Art Unschuldserklärung, der allerdings ein scharfer, klarer und direkter Hinweis folgte: „Du darfst gehen. Sündige von jetzt an nicht mehr." Damit wird sie zu echter Buße aufgerufen, nicht zum Glauben. Kurz gesagt: „Mach das nie wieder!" Das griechische Verb für „sündigen" wird hier in der Verlaufsform der Gegenwart verwendet. Das ist auch eine subtile Anspielung. Es war nämlich kein einmaliger oder gelegentlicher Fehltritt, sondern ihr Lebensstil mit vielen Beziehungen oder zumindest einem andauernden Verhältnis. Wie auch immer, zumindest einer von beiden war verheiratet. Sonst hätte es keine Anklage wegen Ehebruchs gegeben. Die englische NIV (Neue internationale Version) hat es mustergültig übersetzt: „Verlass dein sündhaftes *Leben*."

Das ist ein ganz klarer Befehl, sogar eine Warnung. Sie muss von den lasterhaften Beziehungen ablassen, damit es nicht noch schlimmer kommt. Man kann nur spekulieren, was Jesus gesagt hätte, wenn sie einige Monate später wieder zu ihm gebracht worden wäre, nachdem sie seinen Rat missachtet und die unguten Beziehungen wieder aufgenommen hätte.

Wie wir anhand der anderen Evangelien bereits gesehen

haben, lehrte Jesus eindeutig, dass die meisten, wenn nicht gar alle, die nach einer Scheidung erneut eine Ehe eingehen, in (fortlaufendem) Ehebruch leben! Würde er ihnen etwas anderes sagen als das, was er dieser Frau gesagt hat? An dieser Stelle müssen die Leser ihre eigenen Schlussfolgerungen ziehen.

6

WAS PAULUS SAGTE

Es gibt Bereiche, da gehört es zum guten Ton, Jesus und Paulus gegeneinander auszuspielen. So leidet der Einfluss, den Paulus auf unseren Glauben und auf unser Verhalten hat. Ihm wird vorgeworfen, die „klare" Botschaft Jesu verkompliziert zu haben. Er habe sie theologischer statt praktischer gemacht und dogmatischer statt dynamischer. Das „Christentum" sei dadurch verzerrt worden. Es müsse aus seinen Klauen befreit und in seiner ursprünglichen Reinheit wiederhergestellt werden.

Man untergräbt seine Autorität und seine Integrität. Man impliziert, dass seine Ansichten weniger Gewicht haben als die von Jesus (Bleiben deshalb Gläubige mitunter bei der Lesung der Epistel sitzen, stehen aber bei der Lesung der Evangelien auf?). Die Gelehrten haben jede Gelegenheit genutzt, um darauf hinzuweisen, dass Paulus selbst zwischen Jesu Lehre („nicht ich, sondern der Herr") und seiner eigenen („nicht der Herr, sondern ich") unterschied. Das gilt speziell für die Stelle, die wir uns ansehen werden (1. Korinther 7,10 und 12).

Doch Paulus verteidigte stets seine Autorität als Apostel. Er führte sie auf seine Berufung und auf seine Mission zurück. Beides erhielt er einst direkt vom auferstandenen und aufgefahrenen Jesus. Zudem versicherte er, vom Heiligen Geist inspiriert zu sein (1. Korinther 7,40). Für ihn selbst stellte seine Lehre nicht nur seine persönliche „Meinung" dar. Vielmehr traf er eine Unterscheidung zwischen Aussagen, die ursprünglich von Jesus stammten und die er lediglich zitierte, und einer frischen Offenbarung, die er selbst empfangen hatte. Beides wird als Heilige Schrift anerkannt und ist nicht nur vom Heiligen Geist eingegeben und verbindlich (vgl. 2. Petrus 3,16), sondern auch glaubwürdig und normativ.

Also werden wir die Anmerkungen von Paulus zu unserem Thema hier genauso ernst nehmen wie die Worte Jesu im vorigen Kapitel. Paulus wird unsere Sicht erweitern, und zwar im selben Geist der Wahrheit. So gesehen ergänzen sich die Dinge und stehen nicht im Widerspruch zueinander. Jede Unstimmigkeit in der Auslegung oder Anwendung müsste uns sofort suspekt vorkommen.

In Sachen Scheidung und Wiederheirat nehmen viele Paulus ganz anders wahr als Jesus. Er sei viel entspannter, offener, „liberaler" und seelsorgerisch sensibler! Sie behaupten, er habe der Ausnahme von Jesus (Unzucht) eine weitere gewichtige hinzugefügt (die Desertion = das mutwillige Verlassenwerden). Einige gehen sogar davon aus, dass er *alle* Auflagen abgeschafft habe, indem er sagte, dass diejenigen, die aus einer Ehe „entlassen" wurden, nicht sündigen, wenn sie erneut heiraten. Und falls jemand bei seiner Bekehrung bereits geschieden und neu verheiratet war, dann soll er „so bleiben, wie er ist". All das wird aus einem einzigen Kapitel abgeleitet (1. Korinther 7) und erscheint zunächst unvereinbar mit der strengen Lehre des „Herrn" Jesus. Es ist deshalb unsere Pflicht, Paulus' Briefe sorgfältig durchzugehen, damit wir ihn wirklich richtig verstehen. Speziell drei Passagen beanspruchen unsere besondere Aufmerksamkeit:

Römer 7,1-6 (bitte lesen)

Diese Verse enthalten ein klares Statement: „Eine verheiratete Frau ist an ihren Mann gebunden, solange er lebt." Das Verb (auf Griechisch: *dedetai*) steht hier im Perfekt. Das bedeutet, es geht um „ein vergangenes Ereignis mit anhaltender Wirkung". Man könnte auch sagen, „sie ist einst gebunden worden". Das verweist zurück auf die Hochzeit. Dabei gibt es keine Ausnahmen. Die Ehe ist lebenslang. Das entspricht genau der Einstellung von Jesus (Markus 10,6-9).

Damit wäre die Sache doch eigentlich geklärt. Eine Ehe ist unauflösbar, außer durch den Tod eines Partners. Einige argumentieren jedoch, dass sich dies aus folgenden Gründen keineswegs aus dem Text schlussfolgern lässt:

Paulus formulierte seine Aussage positiv. Den Umkehrschluss erwähnte er nicht, nämlich, dass außer dem Tod nichts oder niemand eine Ehe auflösen kann. Demzufolge schloss er andere Möglichkeiten nicht aus. Man bezeichnet so etwas als „Argument des Schweigens" (*Das „argumentum ex silentio" gehört zur Gruppe der Scheinargumente; Anm. der Übersetzerin.*). Das heißt, nur etwas, das *explizit angesprochen* wird, hat Gültigkeit.

Doch wichtiger ist ein anderer Punkt. Paulus befasste sich hier primär gar nicht mit Heirat oder Scheidung. Stattdessen illustrierte er mit einem Gleichnis, dass uns der Tod generell von gesetzlichen Einschränkungen freisetzt. Der Tod hat Christus vom „Gesetz" befreit und durch ihn sind wir alle frei davon. Allerdings müssen wir uns vergegenwärtigen, dass die Parallele, die Paulus zog, ein Tatbestand ist, keine Mär. Das „Gesetz", das durch den Tod aufgehoben wird, brachte er hier in Verbindung mit der Ehe. Dieses Prinzip gilt jedoch für alle Gesetze.

Die Frage stellt sich, auf welches „Gesetz" er an dieser Stelle abzielte. Er sprach ein „Gesetz" an, das den Lesern geläufig gewesen sein musste. Doch weder die griechische noch die römische Gesetzgebung verbanden ein Ehepaar für ein ganzes Leben. Scheidung und Wiederheirat waren in der heidnischen Gesellschaft üblich. Es kann auch kein Verweis auf das mosaische Gesetz gewesen sein, die Tora. Dort sind Scheidungen zulässig und geregelt. Das lässt nur den Schluss zu, dass Paulus von Gottes ursprünglichem „Gesetz" für die Ehe sprach. Davon müssen seine römischen Leser im Verlauf ihrer Jüngerschaft gehört haben.

Diesen Text für unsere Analyse heranzuziehen, ist plausibel. Denn, gerade weil Paulus' Hinweis auf die Ehe hier nur eine Randbemerkung ist, lässt das den Schluss zu, dass man allgemein davon ausging, dass eine Ehe ein Leben lang hielt.

1. Korinther 7,1-40 (bitte lesen)

An dieser Stelle ging Paulus tiefgründig auf unser Thema ein. Insofern müssen wir die Passage sorgfältig prüfen und hoffen, dass wir sowohl den Schreiber als auch die Leser des einstigen Briefes richtig verstehen. Das ist nicht immer leicht.

Lassen Sie uns mit der allgemeinen Kultur und der Denkweise der Griechen beginnen. Der sogenannte „hellenistische Dualismus" trennte den geistigen Aspekt des Lebens vom physischen; der erste wurde verehrt, der zweite geringgeachtet. Der Körper wurde als Handicap für die Seele aufgefasst, ähnlich wie ein Gefängnis. Der Tod befreite die unsterbliche Seele vom sterblichen Leib (Das ist fast das genaue Gegenteil des christlichen Denkens; 1. Korinther 15,54).

Diese Denkweise führte zu zwei entgegengesetzten Richtungen im Sexualverhalten: Einerseits zu Promiskuität, da der Körper keinerlei Einfluss auf die Seele hatte; andererseits zu Askese, weil er Einfluss hatte. In Korinth traf man auf beide Extreme. In der Hafenstadt war die Prostitution weit verbreitet. Vielleicht als Gegenkonzept dazu propagierten einige das Zölibat bzw. die geschlechtslose Ehe.

Die Gläubigen waren beiden Zwängen ausgesetzt. Aufgrund dessen fühlten sie sich selbst nach ihrer Bekehrung genötigt, zu ihren früheren Lebensstilen zurückzukehren. In seinem Brief ging Paulus auf beides ein. Nachdem er sich mit einem Inzestfall befasst hatte, wandte er sich dem allgemeinen Umgang mit Prostituierten zu. Wer sich darauf einließe und solchen sündhaften Gewohnheiten frönte, würde damit sein künftiges Erbe des kommenden Reiches Gottes aufs Spiel setzen (Übrigens: Beachten Sie, dass Hurer [*pornoi*] und Ehebrecher [*moixoi*] als zwei völlig unterschiedliche Kategorien aufgeführt werden.). Denn Physisches und Geistiges bilden eine Einheit; so hat es Gott, unser Schöpfer und Erlöser, geplant. Deshalb kann es passieren, dass durch einen Christen eine Verbindung zwischen Christus und einer Prostituierten hergestellt wird (6,15)!

Da ist es kaum verwunderlich, dass einige der Gläubigen aus Korinth höchst spröde reagierten und die Lehre begrüßten, dass es gut sei, keine Frau „anzufassen" (7,1 wörtlich übersetzt). Viele haben Paulus mit seiner Erklärung so verstanden, dass er sich für das Zölibat einsetzen würde. Das tat er tatsächlich an anderer Stelle in diesem Kapitel (Die engl. NIV legt „nicht anfassen" als „nicht heiraten" aus, während die deutsche Neue Genfer Übersetzung es mit „überhaupt keinen Geschlechtsverkehr haben" übersetzt.). Aber der unmittelbare Kontext ist ein anderer: Er beantwortete einen Brief aus Korinth und ging dabei auf einen der Punkte ein, die sie angesprochen hatten. Er betonte unverhohlen die Pflicht und Notwendigkeit des ehelichen Geschlechtsverkehrs. Es macht daher mehr Sinn, Vers 1 als Beispiel einer extrem asketischen Lehre zu deuten, die sich in der korinthischen Gemeinde breitgemacht hatte. Die Briefschreiber fragten ihn diesbezüglich nach seiner Meinung. Das „Berühren" ist hier also ein Euphemismus für Sex. Ihnen wurde beigebracht, dass jede Befriedigung, auch innerhalb der Ehe, die spirituelle Entwicklung hemmen würde (In unserer Zeit war es Mahatma Gandhi, der das ebenfalls für richtig erachtete und praktizierte.). „Es ist *gut*, nicht zu..." sollte eher gelesen werden als „es hat Vorteile", ohne jeglichen moralischen Bezug. Der besteht allerdings im Hinblick auf die Ehelosigkeit in Vers 8. Vielleicht wäre in diesem Fall das Wort „besser" dem Ausdruck „gut" vorzuziehen.

Möglicherweise gingen sie davon aus, dass Paulus ihrem Vorschlag zustimmen würde. Sie wussten nämlich, dass er allein lebte und Enthaltsamkeit guthieß. Es musste sie überrascht haben, dass er besonders den körperlichen Aspekt der Ehe hervorhob. Die Vorstellung, dass der Körper eines jeden Partners dem anderen *zur Verfügung steht*, besonders der des Ehemanns der Ehefrau, war revolutionär. Paulus schränkte jede sexuelle Abstinenz innerhalb der Ehe streng ein. So etwas musste von beiden gewollt und vorübergehend sein und sollte ausschließlich einem geistlichen Zweck dienen. Eine einseitige Entsagung sexueller Befriedigung würde dem Teufel die Möglichkeit geben, eine Ehe zu zerstören (Das ist eines der wenigen Male, wo Paulus Satan erwähnt.). Sexualität ist nicht nur ein unverzichtbarer Bestandteil, sondern auch eine gegenseitige Verpflichtung, die nur in der Ehe ausgelebt werden sollte. Deshalb heißt es hier „mit der eigenen Frau" sowie „mit dem eigenen Mann". Dem anderen die sexuelle Befriedigung zu verweigern, stellt nur die Selbstkontrolle auf eine harte Probe und führt dazu, dass man sich anderswo umsieht.

Paulus fügte hinzu, dass seine Sicht der Dinge „ein Zugeständnis und nicht etwa eine Vorschrift" sei. Wahrscheinlich meinte er damit seine Empfehlungen zur vorübergehenden, einvernehmlichen Abstinenz. Die ist in einer christlichen Ehe nicht zwingend vorgeschrieben, sondern völlig freiwillig. Er selbst verzichtete ganz auf die Ehe und damit natürlich auch auf Sexualität. Er wünschte sich, alle anderen würden es ihm gleichtun. Allerdings erkannte er an, dass beide Lebensformen einer „Gabe Gottes" bedürfen, um sie erfolgreich leben zu können.

Zunächst hatte sich Paulus der Anfrage aus Korinth gewidmet. Dann warf er andere Themen auf. Sie haben zwar mit Heirat und Scheidung zu tun, jedoch nicht mit Wiederheirat nach einer Trennung. Das werden wir noch erörtern. Nachdem er all das abgearbeitet hatte, wandte er sich bestimmten Gruppen zu.

Erstens richtete er ein Wort an diejenigen, die nicht verheiratet waren, entweder weil sie noch nie verheiratet waren oder weil ihr Ehepartner gestorben war. Er empfahl ihnen, ehelos zu bleiben (Hier heißt es wiederum: „wie ich bin".). Einmal mehr sprach er vom „Besten für sie" und meinte damit erneut „den besseren Weg", nicht aber den einzig richtigen. Doch Paulus ist Realist. Er wusste um die Kraft des sexuellen Verlangens und den Grad an Selbstbeherrschung, der nötig ist, um ihn zu unterdrücken oder zu sublimieren. Daher auch sein berüchtigter Ratschlag: „Lieber heiraten als von Verlangen verzehrt werden." Doch das ist weder der einzige Grund noch das Hauptmotiv, weshalb man sich einen Partner suchen sollte. Aber es ist sicherlich ein wichtiger

Faktor. Die Ehe ist das gottgegebene und gottgewollte Ventil für unsere sexuelle Leidenschaft. Die Unfähigkeit, sich selbst zu beherrschen, kann in der menschlichen Gesellschaft verheerende Schäden anrichten. Schon allein der Name „Korinth" war zu einem Synonym für das moralische Chaos geworden, das sich daraus ergeben kann. Paulus stellte die Ehe nicht als das „kleinere von zwei Übeln" dar. Das werfen ihm nämlich manche vor. Für ihn war es die göttliche Lösung für das Problem.

Zweitens sprach er Eheleute an. Hier kommt nun ein kritischer Abschnitt in Bezug auf unsere Thematik. Man spürt deutlich Änderungen gegenüber dem vorherigen Absatz. Sein Tonfall war eher mahnend als beratend. Er kommandierte mehr, als dass er anleitete. Er wechselte von „man sollte" zu „man muss". Seine Autorität übte er nun nicht mehr aufgrund seiner selbst oder seiner Weisheit aus, sondern aufgrund des Herrn Jesus und dessen Lehre. Ihn zitierte er hier explizit.

Ehefrauen und Ehemänner sprach er gesondert an, in dieser Reihenfolge. Kurz, eine Scheidung ist keine Option, ohne Ausnahme. Christliche Paare „dürfen" sich nicht trennen. Das kommt nicht in Frage. Da gibt es nichts zu rütteln.

Inmitten dieser strengen Anordnungen, die sich an beide Partner richteten, sticht jedoch eine Aussage hervor. Gibt es etwa doch eine Ausnahme? Was da steht, wendet sich eher an die Frau als an den Mann und lautet in den meisten Übersetzungen: „Hat sie sich aber *doch* getrennt…" (Gemeint ist natürlich die Scheidung.). Hier ist die Zeitform des Verbs zu beachten, das „Perfekt" (Es handelt sich um ein Ereignis der Vergangenheit mit andauernder Wirkung.). Der Satz sollte übersetzt werden mit: „Wenn sie sich *bereits* getrennt hat …" Höchst wahrscheinlich bezieht sich das auf die Zeit vor ihrer Bekehrung. Denn es ist ziemlich unwahrscheinlich, dass der Zeitraum gemeint sein sollte, in dem sie als Christin unbedarft war und noch keine Lehre zu dieser Thematik erhalten hatte.

Wie auch immer, sie hat lediglich zwei Optionen: Allein

bleiben *oder* sich mit ihrem einstigen Ehemann versöhnen. Wenn das Zweite nicht möglich ist (weil er z.B. wiederverheiratet ist), bleibt ihr nur die Ehelosigkeit. Eine Folgeehe ist ausgeschlossen. Zwar erwähnen die Evangelien nicht ausdrücklich, dass Jesus diese Tatsache zur Sprache brachte, es ist allerdings die logische Schlussfolgerung. Sie entspricht seiner generellen Haltung. Deshalb konnte Paulus das hier so sagen.

Dann sprach er „die übrigen" an *[Nicht alle Übersetzungen enthalten diese Aussage; Anm. der Übersetzerin].* Damit ist sicher nicht die übrige Leserschaft gemeint. Denn er hatte sowohl den Unverheirateten als auch den Verheirateten ins Gewissen geredet. Also sind alle abgedeckt! Vermutlich bezog er sich auf die übrigen Fragen, die ihm die Korinther in ihrem Brief stellten. Er erörterte hier besonders prägnante Fälle, die sich innerhalb der beiden Hauptkategorien, Verheiratete und Unverheiratete, auftun. Insofern...

Drittens. Er befasste sich mit „gemischten" Ehen zwischen Gläubigen und Ungläubigen. Natürlich hätten diese Dinge nie passieren dürfen. Christen sollten wie die Juden nicht außerhalb des Gottesvolkes heiraten (2. Mose 34,16; Maleachi 2,11-12; 1. Korinther 7,39; 2. Korinther 6,14). Nichtsdestotrotz, einige tun es. Mitunter legt der Ungläubige vor der Ehe sogar ein Glaubensbekenntnis ab, das sich nach der Heirat als unecht erweist. Doch anzunehmen ist, dass Paulus etwas anderes in Sinn hatte: Ein Ehepartner bekehrt sich nach der Hochzeit. Damit ist er plötzlich unter ein „ungleiches Joch" gezwungen. Das war nicht geplant.

Paulus war darauf bedacht, dass sich kein Gläubiger deswegen ein schlechtes Gewissen macht und darüber nachdenkt, sich von seinem ungläubigen Ehepartner zu trennen. Wenn sie zusammenbleiben wollen, muss der Gläubige an dem festhalten, was für Gott der „heilige Bund der Ehe" ist. Aus seiner Sicht ist es eine geweihte Verbindung, keine weltliche. Wenn möglich, muss der Gläubige dafür sorgen, dass sie intakt bleibt. Der Ungläubige wird durch den Gläubigen „geheiligt". Das bedeutet allerdings nicht, dass die Person damit automatisch gerettet ist oder ein heiliges Leben führt. Es bedeutet nur, dass sie nicht mehr zur Kategorie „unheilig" zählt. Davon müsste sich ein Gläubiger nämlich fernhalten, um nicht kontaminiert zu werden. Ginge ein Gläubiger davon aus, dass er durch den Partner befleckt wird und sich von ihm trennen sollte, dann wären natürlich auch alle Kinder unrein und müssten verlassen werden. Zusammenfassend kann man sagen, dass ein Gläubiger niemals berechtigt ist, ein Scheidungsverfahren einzuleiten, weder aus „geistlichen" noch aus anderen Gründen.

Aber was ist, wenn sich der Ungläubige trennen will? Er oder sie wollte möglicherweise nie eine intime Beziehung mit einem Christen und ist entsetzt, sich jetzt im selben Bett mit einem solchen zu befinden! Solche Leute können sich durch diese Verbindung peinlich berührt, beschämt oder gar angegriffen fühlen. Das könnte in Feindseligkeit und Hass umschlagen. Meinungsverschiedenheiten und Streit in der Familie wären da vorprogrammiert, auch vor den Kindern.

Paulus gab den unerwarteten Rat, eine solche Person ziehen zu lassen und in die Scheidung einzuwilligen, wenn dem so sein sollte. Kurz zuvor hatte er Christen noch geraten, keine Ehe aufzukündigen, weil sie „heilig" ist. Jetzt rät er ihnen, dies zu tun! Aber die Umstände haben sich geändert. Im ersten Fall war der Ungläubige gewillt zu bleiben. Aber nun ist es anders. Der freie Wille ist die Basis für eine Ehe (Daher lauten in heutigen Zeremonien die entscheidenden Worte: „Ich will."). Zwangsehen ohne beiderseitiges Einverständnis sind nicht nach Gottes Willen.

Weisheit ist vielseitig und passt sich Situationen an (verliert aber nie die festen moralischen Prinzipien aus den Augen). Paulus' scheinbarer Widerspruch ist so gesehen konsequent. Er befürchtet, dass ein Gläubiger es für seine Pflicht halten könnte zu gehen, obwohl der ungläubige Partner bereit ist zusammenzubleiben. Außerdem soll ein Gläubiger nicht meinen, er müsse bleiben, obwohl sich der Ungläubige trennen will. Die Folge könnte nämlich sein, dass er alles in seiner Macht Stehende tut und sich dem Willen des Ungläubigen entgegenstellt, nur um die Ehe als für den Herrn heilig aufrechtzuerhalten. Er kann sich zum Beispiel weigern, in eine Scheidung einzuwilligen. Paulus nennt uns drei Gründe, warum diese Form des Widerwillens unangemessen ist.

Erstens ist eine Ehe keine Sklaverei. „Der gläubige Mann oder die gläubige Frau ist in diesem Fall *nicht verpflichtet*, an der Ehe festzuhalten"(Vers 15). Diese Aussage wurde dermaßen falsch interpretiert und verkehrt angewandt, dass wir erst einmal klären müssen, was Paulus hier *nicht* sagt. Im 15. Jahrhundert nach Christus suchte Erasmus, ein christlicher Humanist, einen „menschenwürdigeren" Umgang mit Geschiedenen. Er fand hier eine zusätzliche „Ausnahme" vom strengen Scheidungs- und Wiederheiratsverbot Jesu, nämlich die „Desertion". Die protestantischen Reformatoren, angeführt von Luther, nahmen das seinerzeit hin. Es wurde zur evangelischen Tradition, genannt „Erasmianisches Ausnahmerecht". Schriftgemäß ist freilich, dass dies nur zutrifft, wenn ein Ungläubiger einen Gläubigen verlässt. Viele haben diese Erlaubnis allerdings verallgemeinert. Sie wurde sogar für Gläubige übernommen, die ihren Ehepartner verlassen wollen. Man geht von Folgendem aus: Wenn Paulus sagt, dass man „zu *nichts verpflichtet ist*", bezieht er sich auf die *Zukunft* des Gläubigen. Keiner muss also allein bleiben, sondern ist frei zu heiraten und eine andere, passendere Beziehung einzugehen.

Englische [und deutsche] Übersetzungen vernachlässigen in der Regel leider sowohl die Zeitform als auch das Verb an sich. Das Tempus drückt die Vergangenheit aus, nicht die Gegenwart oder die Zukunft (Genaugenommen steht das Verb im „Perfekt", was wiederum auf ein vergangenes Ereignis mit fortlaufender Wirkung hinweist.). Richtig übersetzt heißt es, man „war nicht länger gebunden". Paulus bezieht sich auf die erste Hochzeit, nicht auf eine etwaige zweite. Darüber sind sich zeitgenössische Gelehrte einig (Nachzuschlagen z.B. in Gordon Fees maßgeblichem Band aus *The New International Commentary*, eine von Eerdmans veröffentlichte Publikationsreihe.).

Zudem wird hier ein anderes Verb benutzt, nicht das Verb (*deo*) oder das Substantiv (*desmos*), was ansonsten für die Ehe verwendet wird. An dieser Stelle steht *douleuo*, ein Begriff, der zu dem Wortfeld „Sklaverei" gehört (Ein Sklave ist *doulos*.). Das Wort wird nirgendwo anders in Zusammenhang mit der Ehe gebraucht. Richtig übersetzt lautet es: „Ihr wurdet nicht zu Sklaven gemacht", soll heißen, in eurer Ehe. Ein Sklave, der Christ ist, hat die Pflicht, in seinem Umfeld auszuharren. Das ist ja auch der Grund, warum Paulus einst Onesimus zurück zu Philemon schickte. Aber die Ehe ist etwas anderes. Sie stellt eine Bindung dar, aber keine Fessel. Allein sprachlich gibt es hier schon einen klaren Unterschied.

Im Kontext ist es leichter zu verstehen. Es ist der erste von drei Gründen, warum ein Gläubiger nie versuchen sollte, einen Ungläubigen an die Ehe zu ketten.

Zweitens hat Gott uns dazu berufen, in Frieden zu leben. Er ist unser „Gott des Friedens". Er will, dass wir ihm gleich sind. Ein gemeinsamer Wille ist die Grundvoraussetzung für Harmonie, die durch nichts schneller zerstört wird, als durch eine Person, die einer anderen ihren Willen aufdrückt (oder sie nötigt!). So gesehen war es ein kluger Rat von Paulus, einen Ungläubigen ziehen zu lassen.

Drittens, sich an einem unwilligen Ehepartner zu klammern, führt nicht zwangsläufig zu dessen Errettung. Den Einwand, der selbstverständlich gegen Paulus' Empfehlung vorgebracht wird, nimmt er vorweg: „Aber ich bin für diesen Menschen die einzige Verbindung zum Christentum. Wenn ich ihn gehen lasse, kann er für immer verloren sein." Paulus entgegnet: „Woher weißt du, dass du es bist, der ihm sein Heil bringt?" Leute glauben, Paulus erwarte hier eine optimistische Antwort, die zum Festhalten an der Ehe animiere. Aber der Kontext erfordert eine abschlägige Antwort (Ich weiß es eben nicht!). Das ist also ein weiterer Grund, jemanden ziehen zu lassen. Vermutlich bleibt er dadurch Christen eher zugeneigt, als wenn man ihn zum Bleiben zwingt.

In all dem gestand Paulus, dass er hier auf keine Lehre Jesu verweisen konnte. Jesus hatte, soweit wir wissen, nie über Ehen zwischen Gläubigen und Ungläubigen gesprochen. Insofern begann er seinen Satz mit: *„Ihnen sage ich, nicht der Herr."* Das heißt aber nicht, dass man dies lediglich als „seine Meinung" abtun kann. Denn den Abschnitt über Ehefragen beendet er schließlich mit: „… und ich denke, dass auch ich den Geist Gottes habe", der die göttliche Quelle „aller Weisheit" ist. Obendrein besitzt Paulus apostolische Autorität. Auf seine „Überzeugungen" kann man sich verlassen; denn der Herr hat sich seiner erbarmt (Vers 25).

Die Diskussion über die gemischten Ehen und die Verantwortung eines Gläubigen, sich in dieser nicht ganz einfachen oder angenehmen Situation zu beweisen – es sei denn, der Ungläubige möchte gehen – bringt ein weiteres Thema zutage. Das griff Paulus an diesem Punkt auf, wenn er sich speziell Neubekehrten, zuwendet die „ihre Füße nicht stillhalten" können. Das ist unter Gläubigen weit verbreitet. Wer frisch im Glauben ist und neues Leben gefunden hat, will sich ein erbauliches Umfeld schaffen, das netter oder anregender ist. Das ist normal. Dies gilt besonders für junge Neubekehrte. Sie denken, dass sie in einer anderen Umgebung (Bibelschule oder Missionsfeld!) bessere Christen sein könnten, eine Illusion, die mitunter von Jugendmitarbeitern gefördert wird. Diese Problematik gab es also schon ganz zu Beginn.

Spätestens hier merkt man, dass in diesem Kapitel etwas stets wiederholt wird: „Bleib, wo du bist." Für den Standpunkt von Paulus bildete das quasi den Rahmen. Gott will, dass wir dort bleiben, wo er uns berufen hat, bis er uns sagt, dass wir weiterziehen sollen. Paulus führte jeweils ein Beispiel aus der jüdischen und der nichtjüdischen Kultur an: die Beschneidung und die Sklaverei. Wenn er sagte, man solle „nicht versuchen, die Beschneidung rückgängig zu machen", hat das nichts mit der Transplantation einer Vorhaut zu tun! Vielmehr seht es für das

Sich-Abwenden von der hebräischen Kultur, die auf der Tora beruht.

Das heißt nicht, dass man die Lebenssituation, in der man sich gerade befindet, für den Rest seines Lebens hinnehmen muss. Ein Sklave kann seine Freiheit rechtmäßig erlangen. Das sollte er auch. Und ein freier Gläubiger sollte sich niemals in die Sklaverei verkaufen. Gemeint ist auch nicht, dass ein Christ in einem unmoralischen oder illegalen Arbeitsverhältnis bleiben sollte (z.B. in einem Bordell oder in einem Casino).

Lassen Sie uns zusammenfassen: Die Situation, *in* der wir uns gerade befinden, ist genau die Situation, *für* die Gott uns berufen hat. Einige gehen deshalb davon aus, dass ein frisch Bekehrter, der geschieden und neu verheiratet ist, bei seinem letzten Partner bleiben sollte. Dabei ist die Folgeehe nach einer Scheidung für Paulus an dieser Stelle offenkundig kein Thema. Ungeachtet dessen behaupten einige, im darauffolgenden Absatz sei es das Thema. Dem wenden wir uns jetzt zu.

Die nächste Gruppe, die er separat ansprach, sind die Unverheirateten. Zum dritten Mal forderte er in diesem Kapitel (Verse 7, 8, 26) diese Menschen auf, ehelos zu bleiben. Das sei eine „gute" (nicht die einzig richtige, aber hilfreiche) Lebensweise. Dieses Mal nannte er auch den Grund dafür: die „bedrängte Lage". Genaueres wissen wir nicht. Meinte er damit „existentiell schwer" (lokal, temporär, wie eine Hungersnot) oder „eschatologisch" (universell und endgültig, wegen des „gegenwärtigen bösen Zeitalters", in dem der Kampf zwischen dem Reich Gottes und dem Reich Satans stattfindet, und das auf das Gericht hinausläuft)? Letzteres ist anzunehmen. Paulus war sich der Krise, die von Jesu erstem Kommen herrührt, sehr wohl bewusst. Sie wird bis zu seiner Wiederkunft andauern.

Erneut mahnt er zum „Alleinbleiben". Er verband damit zwei generelle Regeln. Die erste ist absolut unmissverständlich (Verheiratete sollten niemals versuchen, aus ihrer Bindung „freizukommen".). Die zweite ist viel diskutiert (All jene, die

„freigekommen sind" – genau dasselbe Wort – sollten nicht noch einmal heiraten wollen.). Normalerweise hat derselbe Begriff im selben Zusammenhang dieselbe Bedeutung. Weil es im ersten Sinnzusammenhang offensichtlich um „Scheidung" geht, glauben viele, dass das Verb (auf Griechisch *luo* = verlieren) im zweiten ebenfalls darauf anspielt.

Kein Problem, wäre da nicht der Zusatz, den Paulus gleich danach anfügte: „Allerdings begehst du keine Sünde, wenn du heiratest." Auf den ersten Blick scheint es so, als ob Paulus hier die Erlaubnis gibt, nach der Scheidung wieder zu heiraten. Dies wäre jedoch ein eklatanter Widerspruch zu dem, was er zuvor (Vers 11: „... soll sie ehelos bleiben oder sich mit ihrem Mann aussöhnen.") und im Anschluss (Vers 39: „Eine Frau ist an ihren Mann gebunden, solange er lebt.") gesagt hat. Zudem würde er die Gültigkeit der Lehre seines Herrn untergraben. Und Paulus ergänzt, dass die Juden zu keiner Zeit das Zölibat „angeordnet" haben. Also schrieb er hier nichts vor, sondern gab lediglich eine Empfehlung ab (Vers 25). Fest steht, dass er niemals so weit gegangen wäre, Jesus in einer solch fundamentalen Angelegenheit zu widersprechen.

Wie löst sich das Dilemma auf? Die einzig plausible Antwort ist folgende: Zieht man statt der *Wirkung* (also, welche *Folgen* das Loskommen hat) die *Ursache* (also, was den *Anstoß* gab) in Betracht, so hat Paulus das Verb „freikommen" in zwei unterschiedlichen Zusammenhängen verwendet. Im ersten Kontext bezieht sich das „Freikommen" auf eine „Ehescheidung", im zweiten auf einen „Trauerfall". In beiden Fällen ist die Ehe aus Gottes Sicht zulässig.

Zu Anfang dieses Abschnitts adressierte Paulus „Unverheiratete", also Leute, die bisher nie verheiratet waren. Danach wandte er sich auch an diejenigen, die schon einmal eine Ehe hinter sich hatten, nun aber wieder frei sind, neu zu heiraten. Beide Gruppen bekommen von ihm ein und denselben Rat: Es sei unbedingt eine Überlegung wert, Single zu bleiben; umgekehrt wäre es nicht falsch zu heiraten (Das Letztere wiederholt er nochmals für beide.).

Dann führte er weiter aus, warum er für Ehelosigkeit eintrat. Er hatte ja bereits erwähnt, dass unsere „bedrängte Lage" universell und dauerhaft ist, nicht lokal und temporär. Das bekunden die nachfolgenden Verse. Ein neues Zeitalter hat begonnen. Es tritt an die Stelle des jetzigen. Eine neue Welt schickt sich an, die jetzige abzulösen. Deren Tage sind gezählt. Auf das Zukünftige sollten sich die Gläubigen vorbereiten, sich nicht im Moment verstricken. „Die Zeit ist kurz", sowohl für weltliche Menschen, als auch für uns. Und die Ewigkeit währt ewig.

Daran müssen alle Gläubigen stets erinnert werden. Es ist leicht, dem Hier und Jetzt viel Zeit und Aufmerksamkeit zu widmen und das Dann und Dort sträflich zu vernachlässigen. Wir engagieren uns zu sehr für das, was endlich ist. Das gilt auch für die Ehe. Paulus warnte noch einmal eindringlich davor und nutzte ein rhetorisches Stilmittel, die Übertreibung (Um der Wirkung willen bläst er die Sache auf.). Das Gleiche tat unser Herr Jesus (Matthäus 5,29-30; Hier sprach er nämlich nicht von physischer Amputation, sondern meinte vielmehr die absolute Selbstkontrolle in Bezug auf unseren Blick und unser Handeln.). Paulus ermahnte Eheleute, so zu leben, als wären sie alleinstehend. Das ist scheinbar geradezu ein Widerspruch zu seiner Anweisung in den Versen 3-5. Das erweckt den Eindruck, dass wir alles, was uns im Leben widerfährt, sogar grundlegende Emotionen wie Trauer oder Glück, außen vor lassen sollten! Ein wenig „realistischer" klingt es, wenn er seinen Lesern sagt, dass sie Dinge zwar kaufen können, sie aber nicht als Eigentum erachten sollten. Denn eines Tages müssen sie alles zurücklassen. Die abschließende Warnung bringt es auf den Punkt. Nutzt diese Welt, aber lasst euch nicht von ihr *vereinnahmen* (Griechisch *kataxraomai* = total in Beschlag nehmen, von etwas in Anspruch genommen werden). Wir dürfen uns nicht durch unsere menschlichen Sinne in diese Welt hineinziehen lassen, die nicht ewig bestehen wird. Dass dazu auch die Ehe gehört, daran erinnert uns der folgende Satz: „Bis dass der Tod uns scheidet." Die Familie oder den Besitz zum Lebensmittelpunkt zu machen, ist ein grundlegender Fehler, der uns verführt, die Zukunft außer Acht zu lassen. Ausschließlich für die Gegenwart zu leben (Existentialismus), ist eine zerstörerische Lebensweise!

Aus dieser tiefgründigen Einsicht legte Paulus Leuten, die eigentlich heiraten könnten, die Ehelosigkeit ans Herz. Obendrein fügte er noch einen Aspekt hinzu, der einen Verheirateten enorm unter Druck setzen kann: Die familiären Pflichten, die man für Ehegatten und Kinder zu erfüllen hat. Sie können einen Menschen von dem Dienst im Königreich Gottes ablenken. Ein Alleinstehender kann sich voll und ganz darauf konzentrieren, dem Herrn zu gefallen. Aber Eheleute müssen auch darauf achten, ihrem Ehepartner zu gefallen. Das kann zu Konflikten führen. Ein Leben mit zweierlei Verantwortungsbereichen ist viel komplizierter. Viele verheiratete Diener Gottes können das bestätigen (Vielleicht erklärt das die steigende Scheidungsrate unter ihnen.).

Nun sprach Paulus eine weitere besondere Gruppe an, Verlobte, die heiraten wollen. Es ist grundsätzlich nicht *falsch*, eine Ehe einzugehen, vor allem dann nicht, wenn die Frau bereits etwas älter ist und damit geringere Chancen hat, einen neuen Partner zu finden, falls die Hochzeit abgesagt wird. Aber wenn der Mann überzeugt ist, dass er Single bleiben sollte und sein Verlangen voll im Griff hat, dann ist es *richtig*, die Verlobung aufzulösen. Stets bekundet Paulus seine Überzeugung, dass die Ehe rechtens, die Ehelosigkeit aber besser ist (In unserer sexbesessenen Gesellschaft wird so etwas kaum gepredigt oder gar praktiziert.).

Fassen wir zusammen: In Bezug auf Heirat (und Ehelosigkeit) wiederholte Paulus die grundlegendste aller Prämissen, nämlich, dass nur der Tod eines Partners eine Ehe scheidet. In jedem anderen Fall bleibt das Band (nicht die Fessel) der Ehe vor dem Herrn unauflöslich. Aber der Partner, der den anderen überlebt (damals wie heute meist die Frau), ist im Anschluss völlig ungebunden und kann wieder heiraten. Es gibt nur eine Einschränkung: Der neue Ehepartner muss gläubig sein, auch wenn der erste es nie war bzw. wurde. Bei aller Sehnsucht nach einer neuen Beziehung oder nach sexueller Befriedigung darf das keinesfalls außer Acht gelassen werden.

Allerdings konnte es sich Paulus nicht verkneifen, noch einmal seine Überzeugung zu äußern, dass man „besser" dran ist, wenn man allein bleibt. Er fügte hinzu, dass er davon ausgeht, dass sein Standpunkt von Gott inspiriert ist.

Indem er Scheidung und Wiederheirat untersagte, stimmte Paulus mit Jesus vollkommen überein. Wir haben klar gezeigt, dass diejenigen, die für Geschiedene, die wieder heiraten, „Schlupflöcher" suchen (für einige mit Vers 15 und für alle mit Vers 28), den Text falsch interpretieren. Das gilt insbesondere für die Zeitform der Verben, die in der Vergangenheitsform viel eher auf eine erste Ehe anspielen, als auf eine aktuell bestehende zweite Ehe oder auf eine zukünftige.

1.Timotheus 3,1-13 (bitte zuerst lesen)
In der Liste der Bedingungen, die Leute erfüllen müssen, die sich in der Gemeinde als Älteste oder Diakone (bzw. als „Leiter" oder „Diener") einbringen wollen, steht, dass sie „Ehegatte(n) einer Frau" sein sollten.

Dabei geht es gar nicht darum, dass die Gemeinde den „Dienern" einen höheren Standard vorschreibt als normalen Mitgliedern. Vielmehr geht es darum, dass sie in ihrer Position dafür verantwortlich sind, allen ein Vorbild zu sein. Nur, wenn sie dieser Aufgabe gerecht werden, sollte man sie berufen.

Was heißt es nun „Mann einer Frau" zu sein? In der englischen *New Internationale Version* steht hier ein zusätzliches Wort („*Aber* Mann einer Frau"). Das setzt einen zusätzlichen Akzent, kann allerdings irreführend sein. Fragt man sich, was diese Aussage bewusst nicht erwähnt, lässt das drei Lesarten zu:

Erstens, die naheliegendste Variante ist die Polygamie, also, mit mehr als nur einer Frau gleichzeitig verheiratet zu sein. Gottes Absicht, die Ehe auf einer Verbindung zwischen einem einzigen Mann und einer einzigen Frau zu gründen, haben wir schon erwähnt (1. Mose 2,24). Mit unserer Bekehrung wird dieser ursprüngliche Zustand der Schöpfung wiederhergestellt. Deshalb versteht es sich von selbst, dass Monogamie für Christen die Norm sein sollte.

Zweitens, man hielt es für nicht legitim, in einem Leben mehr als eine Ehe einzugehen. Christliche Amtsträger sollten nur ein einziges Mal heiraten, auch wenn der Ehepartner verstirbt. Dies erscheint übertrieben restriktiv angesichts der Tatsache, dass andere Schriftstellen die Wiederverheiratung nach dem Verlust eines Ehegatten durchaus zulassen (Römer 7,2; 1. Korinther 7,39; 1. Timotheus 5,14). Doch die frühen „Kirchenväter" haben es offensichtlich so gehandhabt. Das heißt aber nicht, dass sie damit im Recht waren.

Drittens, Scheidung und Wiederheirat sind ausgeschlossen. Neu zu heiraten, während die erste Ehefrau noch lebt, stellt in den Augen des Herrn Bigamie bzw. aufeinanderfolgende Polygamie dar. Da ist es unerheblich, ob alles von Rechts wegen legal ist. Es wäre schlicht kein gutes Beispiel für die Gemeinde.

Zieht man das ganze Neue Testament zurate, macht die dritte Variante am meisten Sinn. Sie ist es auch, die der Autor hier präferiert.

Ist es an dieser Stelle unangebracht, darauf hinzuweisen, dass Frauen wohl kaum „Ehemänner einer Frau" sein können? Nein. Denn es ist wichtig. Man sieht, dass der geistliche Dienst den Männern vorbehalten war, zumindest was die Ältestenschaft anbelangt. Der Verweis auf „Frauen" in Vers 11 lässt Diakonissen zu (Phoebe wird in Römer 16,1 *diakonos* genannt.). Eine umfassende Diskussion der Rollen und Pflichten von Männern und Frauen innerhalb der Gemeinde finden Sie in meinem Buch *„Leadership is Male"*, das von Anchor Recordings verlegt wird. Hiermit endet unsere Studie über das, „was Paulus sagte".

7

WIE DIE KIRCHE DAZU STEHT

Damit zurück zu kürzeren Einheiten! Dieser Tempowechsel hat zweierlei Gründe:

Zum einen ist der Autor Bibellehrer, kein Kirchenhistoriker, also nicht wirklich qualifiziert auf diesem Fachgebiet. Dazu kommt, dass er weder ein Liberaler, Katholik oder Orthodoxer ist, sondern ein evangelikaler Christ. Infolgedessen hat für ihn die Bibel weit mehr Autorität als die Kirche. Die Schrift ist die maßgebliche Instanz für alle Glaubens- und Verhaltensfragen von Christen. Sie ist der Tradition übergeordnet.

Insofern handelt es sich hier also nur um einen knappen Überblick. Er veranschaulicht einige der Veränderungen, die sich im Laufe der Jahrhunderte in kirchlichen Kreisen hinsichtlich Ehe, Scheidung und Wiederheirat ergeben haben.

Den Leser mag die Vielfalt der Sichtweisen überraschen, aus denen die heutigen Unterschiede entstanden sind. Sie machen es Paaren möglich, sich so lange „umzuschauen", bis sie eine Kirche gefunden haben, die ihre Ansichten teilt und ihnen keine Steine in den Weg legt! Das führt jegliche Gemeindedisziplin ad absurdum, mit der Folge, dass sie ganz verlorengeht.

Wie kann in Kirchen mit ein und derselben Bibel eine solche Vielzahl an Prinzipien und Praktiken existieren? Zwei Komponenten spielen dafür eine Rolle:

Am *Auffallendsten* ist die Abkehr von biblischen Standards. Immer mehr Kirchenleiter halten diese für „kulturell geprägt". Anders gesagt, sie gehen davon aus, dass sie aus den jeweiligen historischen Umständen erwachsen sind. Von daher sind sie variabel und müssen zwangsläufig an die heutige Gesellschaft angepasst werden. Man glaubt aufrichtig, dass eine Kirche, die sich an frühere Normen klammert, ihre Glaubwürdigkeit und ihre Zukunftsperspektiven verliert. Ganz schlimm wird es aber, wenn dieser Anschauung noch das Konzept eines wandelbaren Gottes unterlegt wird, dessen einzige Konstante seine Liebe ist. Nicht ganz so schlimm hingegen ist der Versuch, die gute Botschaft für die moderne Welt bedeutungsvoller und annehmbarer zu machen. So oder so, dies gelingt nur, wenn das Evangelium manipuliert wird.

Eine *subtilere* Spielart ist es, eine bestimmte Sichtweise der Schrift vorzugeben. Damit werden die Schlussfolgerungen, die zu ziehen sind, quasi verordnet. Das kann schon anhand eines einzigen biblischen Terminus deutlich gemacht werden: Der „Bund". Das ist ein Begriff, der ausdrückt, wie Gott auf seine einzigartige Weise mit Menschen umgeht. Wie viele Bünde hat er geschlossen? Die Antworten reichen von einem bis hin zu sieben! Genau davon hängt aber die unmittelbare Bedeutung verschiedener Teile der Bibel für gläubige Christen ab.

Seit der protestantischen Reformation z.B. unterstellt die „reformierte" Lehre meist, dass es nur einen einzigen gibt, den „Gnadenbund". Er heißt so, obwohl es das Wort in der Schrift nicht gibt. Man schließt daraus, dass sowohl die Weisungen des Alten als auch die des Neuen Testaments für Christen gelten. Mag sich die Form verändert haben, die Bedeutung hat es nicht (Aus der Beschneidung wird die Taufe für Kleinkinder, aus dem Sabbat wird der Sonntag usw.). Und 5. Mose 24 hat in Bezug auf Scheidung und Wiederheirat noch immer Relevanz.

Am anderen Ende dieses Spektrums unterteilt die „Dispensationslehre" die Geschichte in sieben Epochen. In jeder stellt Gott andere ethische Anforderungen. Sogar die Bergpredigt mit der Scheidungslehre wird der Ära des zukünftigen „Königreichs" zugeordnet, genannt „Millennium". 5. Mose wird in eine vergangene „Gesetzesepoche" verpflanzt. Nichts davon gilt für die heutige Ära der „Kirche".

Mittendrin gibt es eine Menge einfacher Bibelleser. Sie werden durch die Bezeichnungen der beiden Bibelteile irregeführt („Testament" wird von ihnen mit „Bund" gleichgesetzt.). Das „Alte Testament" ist für sie von historischem Interesse und das „Neue" von zeitlosem Wert. Sie lesen das eine, leben aber das andere.

Der Autor legt zu Grunde, dass es in der Bibel fünf große Bündnisse gibt. Sie sind nach den fünf Personen benannt, mit denen Gott sie zuerst geschlossen hat: Noah, Abraham, Mose, David und der Messias. Alle fünf spielen in beiden Testamenten eine Rolle. Nur einer wird als „alt" (der mosaische Bund) bezeichnet, und nur einer als „neu" (der messianische Bund). Letzterer hat den vorherigen ersetzt, aber keinen der anderen. Dieser These hat der Autor ein ganzes Kapitel gewidmet – zu finden in seinem Buch *Defending Christian Zionism* (Es enthält eine Auffassung, die in Bezug auf das jüdische Volk und sein Land davon ausgeht, dass die Verheißungen des abrahamitischen Bundes nie verändert oder aufgehoben wurden. Siehe Galater 3,17-18; Hebräer 6,13-18.). Von den fünf Bünden sind also vier für Christen von Bedeutung.

Die Anzahl der Bünde, die in der Heiligen Schrift vermutet und mit Christen in direkte Verbindung gebracht werden, hat tiefgreifenden Einfluss auf die Art der Auslegung und Anwendung (Überbegriff „Hermeneutik"). Jetzt ist es an der Zeit, zur Kirchengeschichte überzugehen. Sie lässt sich in mehrere Epochen gliedern: Frühkirche, Staatskirche, Kirche des Mittelalters, Reformation und Neuzeit.

DIE FRÜHKIRCHE

Als sich die Kirche von ihrem jüdischen Ausgangspunkt in die griechisch-römische Welt ausbreitete, begegnete sie einer Kultur, in der Scheidung und Wiederheirat alltäglich waren. Kein Wunder also, dass die „Kirchenväter" (So wurden die Lehrer in den ersten Jahrhunderten genannt.) eine Menge zu unserem Thema zu sagen hatten, sogar mehr als über die zweite Wiederkunft des Herrn Jesus Christus auf die Erde!

Es scheint eine grundsätzliche Übereinkunft unter ihnen bestanden zu haben, die sich folgendermaßen zusammenfassen lässt: Sie stimmten einer Scheidung unter Christen ausschließlich dann zu, wenn sie durch wiederholten Ehebruch begründet war. Aber im Gegensatz zu den Juden willigten sie in keine Folgeehe nach einer solchen Scheidung ein. Sie missbilligten es sogar, wenn jemand nach einem Trauerfall wieder heiratete, besonders, wenn es sich um Älteste handelte.

Hinter dieser doch eher ungewöhnlichen Einstellung standen Hermas, Justin der Märtyrer, Klemens, Origenes, Basilius, Ambrosius und Hieronymus. Es gab ein bis zwei Dissidenten, wie Ambrosiaster und Athenagoras. Letzterer lehrte, dass die Ehe ewig währte (Das ähnelt den mormonischen Vorstellungen von heute.) und deshalb absolut unauflöslich war.

Kurz, die meisten Scheidungen und alle neuen Ehen wurden als sündhaft erachtet. Dementsprechend wurden auch Disziplinierungsmaßnahmen ergriffen.

DIE STAATSKIRCHE
Die angebliche „Bekehrung" des römischen Kaisers Konstantin brachte einen radikalen Wandel. Das Christentum wurde zum ersten Mal zu einer gesetzlich „anerkannten" Religion. Kirche und Staat schmiedeten eine ungute Allianz. Diese besteht in vielen europäischen Ländern bis heute. Staatliche Gesetze begannen, christliche Normen widerzuspiegeln. Doch es entstand eine Wechselwirkung. Als sich die Kirche mit der Welt verbündete, strömte das Weltliche in die Kirche. Das beeinflusste natürlich die Leitung. Diese spiegelte von nun an mehr die politische Macht wider als das Neue Testament. Ein Beispiel: Aus einer Vielzahl von „Bischöfen", die einst jeder Ortskirche vorstanden, wurde ein einziger Regionalbischof, der eine Vielzahl von Kirchen verwaltete. Schließlich etablierte sich ein Bischof als Oberhaupt

der gesamten Kirche (in Rom), genannt „Vater" (Papa, Papst). Er war mit Insignien und Titeln (z.B. „Pontifex Maximus") ausgestattet, die man den früheren „Kaisern" entlehnt hatte. Aus Protest gegen diesen Trend entstanden in der Wüste Einsiedeleien und Klöster, in denen Mönche lebten. So fing man an, das Zölibat mit Heiligkeit zu assoziieren.

Dies alles wurde durch die Bekehrung des „heiligen" Augustinus noch beschleunigt. Er entwickelte sich von einem Mann mit promiskuitivem Lebensstil, einschließlich Geliebter und unehelichem Sohn, zum Bischof von Hippo in Nordafrika und zum einflussreichsten Theologen, den die Kirche je hatte. Das gilt sowohl im positiven, als auch im negativen Sinne. Teils als Reaktion auf seinen früheren Lebensstil, aber wohl eher wegen seiner Ausbildung in griechischer Philosophie, insbesondere im Platonismus, war er maßgeblich daran beteiligt, dass sich eine körper- und sexualfeindliche Befangenheit in der christlichen Weltanschauung herausbildete. Sie existiert bis heute. Selbst der Sex in der Ehe galt als „Begierde" (Lust). So entstand eine negative Grundhaltung gegenüber der Ehe, ganz zu schweigen von Scheidung und Wiederheirat.

DIE KIRCHE DES MITTELALTERS

„Priester" waren mittlerweile gezwungen, zölibatär zu leben. In dieser Hinsicht wurden sie zu Vorbildern wahrer Heiligkeit!

Ironischerweise war die Ehe zu einem von sieben „Sakramenten" erhoben worden, das vom Klerus für Laien eingesetzt wird. Dies gründete auf einer Fehlübersetzung im Text, die Hieronymus in der lateinischen Vulgata-Version unterlaufen war. Er hatte „Geheimnis" (das griechische *musterion*) in Epheser 5,32 auf Lateinisch mit *sacramentum* übersetzt. Was ursprünglich den Treueeid eines römischen Soldaten gegenüber seinem Kaiser beschrieb, war so zu einem von der Kirche vereinnahmten „Zeichen der Gnade" geworden.

Wie einige andere Sakramente (die Taufe und die letzte Ölung für einen Sterbenden) galt die Ehe als nicht wiederholbar und von daher als „unauflöslich". Eine Scheidung war strikt verboten und zog das Leid einer Exkommunikation nach sich (So ist es in der römisch-katholischen Kirche noch immer.).

Die menschliche Natur ist geschickt darin, Gesetzeslücken zu suchen. In diesem Fall wurde mit dem Begriff der „Annullierung" etwas gefunden, was bedeutete, dass man eine Ehe von Anfang an für „nichtig" erklären konnte, meist weil Zwang eine Rolle spielte oder weil die Ehe nicht vollzogen worden war. Dass diese Möglichkeit offenbar denjenigen leichter zugänglich war, die substantielle Beiträge zu den Finanzen der Kirche leisten konnten, sagt obendrein etwas über die menschliche Natur aus. Es war die Weigerung des Papstes, König Heinrich VIII. diese Annullierung zu gewähren, die einst zur englischen Reformation führte.

DIE REFORMATION

Es gab Versuche, die römische Kirche in England (z.B. durch John Wyclif) und in Böhmen (durch Jan Hus) zu reformieren. Aber es geschah in Deutschland (durch Martin Luther), dass sich das religiöse Erscheinungsbild Nordeuropas radikal veränderte. In seinem „Thesenanschlag" prangerte er zunächst den Missbrauch von „Ablässen" an. Damit konnte man sich einen verkürzten Aufenthalt im „Fegefeuer" (eine weitere römisch-katholische Erfindung) erwerben. Auf diese Weise wurde in Rom der Bau des Petersdoms finanziert. Beurteilt man die Dinge im Licht der Bibel als höchste Autorität über die Kirche (*sola scriptura*), erkennt man, dass bald viele weitere Verzerrungen und Entgleisungen hinzukamen. Zum Beispiel fand Luther in der Schrift nichts, was das „Priesterzölibat" rechtfertigte. Also heiratete er eine Nonne und ermutigte andere, es ihm gleichzutun. Indes änderte sich die Einstellung zu Scheidung und Wiederheirat als Erstes in Holland.

Die Reformation fiel mit einer anderen Bewegung zusammen, die in Italien ihren Anfang nahm, die „Renaissance". Es war eine Wiederentdeckung der griechisch-römischen, „antiken" Kultur.

Mit einher ging die Forderung nach Vernunft (Aufklärung), gepaart mit einer optimistischen Einschätzung der Fähigkeit der Menschheit (Humanismus). Dies sollte sich später als die größte Herausforderung für das bibeltreue Christentum herausstellen (z.B. durch die noch immer tobende Debatte über „Schöpfung versus Evolution").

Einige versuchten, diese beiden starken Strömungen zu kombinieren. Man bezeichnete sie als „christliche Humanisten". Einer ihrer bekannten Vertreter war Erasmus von Amsterdam. Er brachte eine Ausgabe des griechischen Neuen Testaments heraus, die später von Luther in seinem Versteck verwendet wurde, um die erste deutsche Bibel zu erstellen. Sie brachte die Schwächen der lateinischen Fassung zutage, dem bis dahin einzig bekannten Text. Erasmus teilte Luthers Zorn über Rom, stritt sich mit ihm aber darüber, ob die Reform durch Aufbegehren von innen oder durch Protest von außen erfolgen sollte.

Indem er in Hinblick auf Scheidung und Wiederheirat eine zusätzliche „Ausnahme" machte, steuerte Erasmus einen erheblichen Teil zum evangelischen Grundverständnis bei. Tief bewegt von der „menschenunwürdigen" Einstellung Roms gegenüber Geschiedenen, suchte er in der Schrift nach einer Möglichkeit, deren Not zu lindern. Dabei stieß er auf Paulus' Empfehlungen an Gläubige, die mit nicht wohl gesinnten Ungläubigen verheiratet sind. Aus seiner Sicht bezog sich das „Nichtgebundensein" auf die Zukunft. Damit würden Gläubige frei sein, wieder zu heiraten. Bekannt als die „Ausnahme des Erasmus" wurde sie von vielen protestantischen Reformatoren akzeptiert, allerdings nicht von allen. Sie galt zunächst nur, wenn der Ungläubige die Ehe verlassen hatte. Am Ende setzte sie sich allgemein für jede Trennung durch, auch, wenn sie von Gläubigen ausging.

Während der gesamten Ära des „Puritanismus" war man in England von dieser „zweifachen Ausnahme" überzeugt. Sie fand später in dem bekannten „Bekenntnis von Westminster" ihren

Niederschlag. Noch heute wird sie von vielen Evangelikalen vertreten (siehe die Schriften von John R. W. Stott). Allerdings gibt es in unseren Tagen eine weitaus größere Meinungsvielfalt.

DIE NEUZEIT

Wir nehmen in erster Linie das 20. Jahrhundert in England unter die Lupe. Damit ist der Autor bestens vertraut. Was wir hier im kirchlichen Umfeld genauer untersuchen, ist der Unterschied zwischen der Church of England und den anderen (nicht römisch-katholischen) Denominationen, d.h., zwischen der „etablierten" Kirche und den „freien" Gemeinden. Dieselbe Konstellation besteht auch anderswo in Europa, im Norden speziell im lutherischen Skandinavien und im Süden in einigen katholischen Ländern.

1. Die Etablierte Kirche

Die *Church of England* entstand nach einem Zerwürfnis zwischen Papst und König, welcher geschieden und (mehrmals) wiederverheiratet war. Mag sein, dass dieser Ursprung zwangsläufig dazu führte, dass sie von Problemen mit der Sexualmoral schon fast durchdrungen zu sein scheint. Schlechte Fundamente können eben ein ganzes Gebäude zum Einsturz bringen (Manche meinen, das geschieht derzeit durch die Kontroversen um weibliche und homosexuelle Bischöfe.).

Heinrich VIII., der so etwas wie ein Amateurtheologe war, hatte in seinen jungen Jahren ein Buch gegen Luther verfasst. Dafür verlieh ihm der Papst den Titel „Verteidiger des Glaubens". Den tragen englische Herrscher noch immer. Er ist sogar auf englischen Münzen eingraviert. Nach seinem trotzigen Bruch mit Rom und der anschließenden „Auflösung" der römisch-katholischen Klöster in seinem Territorium (Konfiszierung und Zerstörung) fühlte sich Heinrich den Protestanten auf dem Festland immer mehr zugetan. In der Folge schwankte die Kirche während etlicher Herrschaftsperioden zwischen Rom und Canterbury hin und

Wie die Kirche dazu steht

her. Sie passte sich den Präferenzen der aufeinanderfolgenden Monarchen stets an, inklusive blutiger Verfolgung auf beiden Seiten. Die „Religionsregelung" unter Elisabeth I. führte zu einer einzigartigen Mixtur aus katholischer und evangelischer Geistlichkeit (Manche würden sagen, es sei ein typisch englischer Mischmasch oder bestenfalls ein brüchiger Waffenstillstand.). Dies hat eine Art „Dachorganisation" entstehen lassen. Sie rühmte sich, ein integrativer „Zusammenschluss" derjenigen zu sein, die entweder die Schrift (*Low Church*, die „niedere" Kirche) als ihre oberste Richtschnur definieren, die Vernunft (*Broad Church,* die „breite" Kirche) oder die Tradition (*High Church,* die „hohe" Kirche). Im neunzehnten Jahrhundert war die „High Church" richtungsweisend. Im zwanzigsten Jahrhundert gewann dann die „Broad Church" die Oberhand. Aber in der zweiten Hälfte des 20. Jahrhunderts hatte die „Low Church" einen starken Einfluss auf die Basis. Ging es um lehrmäßige und ethische Standards, dann wird das Spektrum zu einer Art Hufeisenform. Denn im Vergleich zur „Broad Church" hatten „High" und „Low Church" mehr Gemeinsamkeiten.

Zwangsläufig führte eine solche Vermengung zu Kontroversen. Als die staatlichen Gesetze gelockert wurden, hatte man viele Kommissionen einberufen, die sich mit der Thematik Ehe, Scheidung und Wiederheirat befassten. Denn das übte Druck auf eine Kirche aus. Und ihr Oberhaupt war ja der regierende Herrscher. Nicht nur die Bischöfe wurden vom Premierminister (auf Vorschlag) ernannt, sondern auch der Ritus musste vom Parlament abgesegnet werden. Aufgrund dieser Konstellation, die politischen Druck von außen und theologische Differenzen im Inneren mit sich brachte, war es logisch, dass es bisher unzählige Diskussionen, aber kaum Einigung in Bezug auf unser Thema gab.

Theoretisch erlaubte das „Kirchenrecht", eine Zweitehe in einer Pfarrkirche zu schließen. Doch nur wenige Vikare ließen sich darauf ein. Viele erfragten die Zustimmung oder die Ablehnung ihres Bischofs. Die meisten aber weigerten sich, eine Trauzeremonie durchzuführen, offerierten ersatzweise „Gebet und Weihe nach der standesamtlichen Trauung" (umgangssprachlich oft als „Segensdienst" bezeichnet). So etwas konnte im Anschluss an eine Hochzeit in einem Standesamt (oder in anderen öffentlichen Räumen) durchgeführt werden. Das empfanden viele Nicht-Anglikaner als Kompromiss, vermutlich sogar als Heuchelei. Wenn Gott die Ehe segnen konnte, warum sollte er dann nicht auch die Zeremonie segnen können? Wenn er die Zeremonie nicht segnen konnte, wie konnte er dann die Ehe segnen?

Fakt bleibt, es ist lediglich ein „Segen der Kirche". Er soll alle glücklich machen und das Gewissen der Ehepaare sowie das der Geistlichen erleichtern.

2. Die Freikirche

Ohne politische Zwänge und meistens auch unabhängig von zentraler Kontrolle waren die „Freikirchen" im Großen und Ganzen eher bereit, sich zu verändern und sich an gesellschaftliche Entwicklungen „anzupassen". Sie fühlten sich scheinbar auch frei, das Resultat der Aufklärung in der deutschen Theologie zu übernehmen, die „Höhere Kritik". Durch sie wurde die göttliche Inspiration und der Inhalt der Schrift in Frage gestellt. (Die sogenannte „Niedere Kritik" beschränkte sich noch auf die Suche nach dem adäquatesten Originaltext. Dafür verglich man die bis jetzt vorhandenen Manuskriptkopien miteinander.). Auf diese Weise eroberte der „Liberalismus" viele Kanzeln der Freikirche.

Ein Ergebnis war eine zunehmende Bereitschaft zur Wiederverheiratung von Geschiedenen. Zunächst stand man das nur der als „unschuldig" bezeichneten Partei zu, später aber auch der „schuldigen". Begründet wurde es damit, dass andernfalls die Scheidung zur unentschuldbaren Sünde würde. Das widerspräche dem göttlichen Mitgefühl und der Vergebung.

Vermehrt bieten Kirchen Kurse zur „Scheidungsheilung" an. Sie wollen Menschen helfen, über das Trauma hinwegzukommen, das mit einem Trauerfall vergleichbar ist. Doch die Frage nach der Zweitehe wird unterschiedlich oder ausweichend beantwortet.

In den USA, wo alle Gemeinden „frei" sind, sind Scheidung und erneute Heirat innerhalb der Kirchen genauso verbreitet wie außerhalb. Das betrifft auch die Evangelikalen, die behaupten, an die Bibel zu glauben und danach zu leben. Und es gilt für Pastoren und Gemeindemitglieder gleichermaßen.

In Afrika verhalten sich die Anglikaner, die dort nicht nur unabhängig, sondern auch bodenständig sind, eher konservativ und reagieren missbilligend auf die Mehrdeutigkeit, die anderswo im Anglikanismus praktiziert wird.

All dies unterstreicht die Verschiedenartigkeit des Glaubens und der Umsetzung im Leib Christi. Dieser eingedampfte und vereinfachte Überblick über die 2.000 Jahre in diesem Kapitel muss Historikern die Nackenhaare aufstellen. Aber er genügt, um zu zeigen, dass blindes Vertrauen in die Kirche als unfehlbare Institution ein falscher und irreführender Ansatz ist, besonders dann, wenn sie offensichtlich dem Zeitgeist folgt anstatt dem Heiligen Geist und den Schriften, die er inspiriert hat.

Vor diesem Hintergrund müssen wir glasklar formulieren, was wir unserer Generation sagen wollen.

8

WAS WIR SAGEN SOLLTEN

Dieses Kapitel ist in erster Linie für Prediger, Lehrer, Berater und Eltern gedacht, ja für jeden, der christlich-ethische Werte weitergeben muss. Denn diese dürfen wir nicht länger ignorieren.

Bevor wir uns anschauen, *was* kommuniziert werden muss, stellt sich die Frage, *wann* geredet werden muss. Oft wird das Thema erst dann angesprochen, wenn es in einer persönlichen und sehr emotionalen Situation hochkocht. Viele meinen, an dem Punkt sei es zu heikel oder zu spät um zu intervenieren.

Insofern ist es absolut nötig, es zu einem regulären Lehrinhalt zu machen und ihn speziell von Kanzeln oder von Podien aus zu vermitteln. Am wenigsten Anstoß erregt die Thematik, wenn man die synoptischen Evangelien strukturiert und Stück für Stück durchnimmt. Auf diese Weise stößt man ganz von selbst darauf. Der einzige Fehler, den man vermeiden sollte, ist, verschiedene Evangelien gleichzeitig zur Sprache zu bringen (und damit beispielsweise die klare Haltung von Markus zugunsten der Ausnahme von Matthäus hintenanzustellen).

Gemeinden, deren Lehre themenbezogen ist, obendrein noch mit ständig wechselnden Sprechern, stehen vor einer schwierigen Aufgabe. Sie müssen dafür sorgen, dass die Thematik in ihr Programm aufgenommen wird und sie müssen jemanden finden, der bereit ist, darüber zu lehren! Hinzu kommt, dass natürlich Spekulationen darüber angestellt werden, aus welchen Gründen die Sache zur Sprache gebracht wird („Warum jetzt?" und „Für wen?"). Wichtig ist, dass das Thema auf jeden Fall in den Rahmenplan für Teens und Twens aufgenommen wird. Denn das sind die Altersgruppen, die vornehmlich über Ehe nachdenken.

Das Gleiche gilt selbstverständlich auch für ehevorbereitende Paarseminare bzw. für Gruppen, die Verlobtenseminare abhalten (Eheverträge werden in unseren Zeiten ja auch vorab unterzeichnet, damit die Veräußerung von Vermögenswerten geregelt ist, falls „es nicht funktionieren sollte".). Scheidung und Wiederheirat gelten allgemein schon als normal. Folglich kann christliche junge Paaren leicht ein ähnliches Schicksal treffen, es sei denn, sie wurden vorgewarnt.

Soviel zum Grundsätzlichen. In zwei entscheidenden Situationen muss man allerdings unbedingt handeln. Gemeindeleiter, die Konfrontationen meiden, sollten Zurechtweisung als Teil ihrer Berufung sehen (2. Timotheus 4,2; Titus 2,15), unter Umständen sogar in aller Öffentlichkeit (1. Timotheus 5,20).

Erstens, gesetzt den Fall christliche Paare ziehen eine Scheidung in Betracht, weil ihnen entweder die Liebe füreinander abhandengekommen ist, oder, weil sie sich in jemand anderen verliebt haben. Dann muss man ihnen den Unterschied zwischen menschlicher und göttlicher Liebe (*eros* und *agape*) nahebringen. Sie müssen erfahren, was es bedeutet, ein Bündnisgelübde vor dem Herrn zu brechen. Sie müssen vor allem wissen, dass Christen, die sich trennen, für den Rest ihres Lebens allein bleiben oder wieder zusammenkommen müssen (1. Korinther 7,11). Die Erfahrung des Autors ist allerdings, dass keiner dieser Hinweise einen großen Einfluss auf diejenigen hat, die gelehrt wurden, dass sie ihr Heil niemals verlieren können (siehe mein Buch: *Once Saved, Always Saved?* Hodder, 1996).

Zweitens, jetzt kommt das Allerschwierigste: Gesetzt den Fall, Paare sind bereits einen Schritt weitergegangen, haben sich scheiden lassen und sind neu verheiratet. Was dann? Eine Menge Gründe (Vorwände?) werden vorgebracht, warum man unter diesen Umständen nicht eingreifen sollte. Man behauptet schlicht, „es sei zu spät", um etwas zu tun oder zu sagen.

Vielleicht geschah alles vor der Bekehrung des Paares. Aus der Sicht einiger ist es damit unerheblich und gehört der Vergangenheit an: „Ist alles vergeben!" Für die Gemeindemitgliedschaft bzw. Leiterschaft sei es deshalb irrelevant, weil ja alle „in Christus neue Geschöpfe" sind. Allerdings haben wir bereits darauf hingewiesen, dass eine Bekehrung unseren Familienstand nicht beeinflusst. Wir sind weiterhin „verheiratet" (oder „geschieden"). Denn Gott ist bei allen Eheschließungen dabei. Es ist unbedeutend, ob sie im Garten (Eden) geschlossen wurden, im Standesamt oder in der Kirche, ob „christlich" oder nicht. Die scharfe Kritik Jesu an Scheidung und Wiederheirat richtete sich an „jedermann".

Der Faktor Zeit wird oft als mildernder Umstand angeführt: „Das hat alles vor zehn, zwanzig, dreißig, vierzig Jahren stattgefunden." Die Annahme ist, dass die Verantwortung für vergangenes Verhalten im Laufe der Jahre allmählich abnimmt. Der Tag des Jüngsten Gerichts, wenn das ganze Leben eines Menschen auf den Prüfstand kommt, wird für viele ein Schock werden. Zwar können Erinnerungen und damit verbundene Gewissensbisse verblassen, obwohl in Anbetracht der eigenen Sterblichkeit beides manchmal auch wieder hochkommt. Die himmlische Buchführung kann jedoch niemand zunichtemachen, jedenfalls keiner von uns. In dem Moment, in dem die Bücher geöffnet werden (Offenbarung 20,12), wird sich das erweisen. Nur Gott selbst kann jemanden oder etwas aus seinen Aufzeichnungen „tilgen" (2. Mose 32,33; Offenbarung 3,5). Genau das ist ja das Kernstück der guten Nachricht des Evangeliums (Jeremia 31,34), das jedem zugute kommt, der sich bekehrt (Apostelgeschichte 3,19).

Das wohl plausibelste Argument für die Duldung der Situation ist, dass unschuldige Kinder zu berücksichtigen sind. Das heißt, es könnten Nachkommen, die aus einer Zweitehe hervorgegangen sind, davon schwer in Mitleidenschaft gezogen werden, wenn die Legitimität der Beziehung ihrer Eltern in Frage gestellt wird. Interessanterweise scheinen diejenigen, die diese Schwierigkeit aufwerfen, um die Kinder aus den früheren Ehen meist nicht so besorgt zu sein. Sie wurden nach der Scheidung im Stich gelassen und um ihr gewohntes Familienleben gebracht. Und dennoch, der

Versuch, eine weitere solche Tragödie zu vermeiden, ist natürlich nachvollziehbar.

Trotz all dieser Einwände ist es besser, sich jetzt der realen Sachlage zu stellen, als dann, wenn eines Tages alles offenbar wird. Lieber ein Ende mit Schrecken, als ein Schrecken ohne Ende.

Im Großen und Ganzen gibt es zwei Ansätze, um denjenigen mit Rat und Tat zur Seite zu stehen, die sich von den neutestamentlichen Standards bereits weit weg begeben haben. Es geht um Präzedenzfälle und Prinzipien, wobei das erste eher legalistisch ist, das zweite eher liebevoll.

DER PRÄZEDENZFALL

Das englische *Common Law* basiert weitgehend auf Präzedenzfällen. Anklage und Verteidigung stützen sich häufig auf frühere Verfahren, wenn sie einen Fall vorlegen. Sie hoffen auf ein gleichgelagertes Urteil. Jeder Richterspruch kommt in ein riesiges Archiv, in dem alles aufgezeichnet ist. Darauf kann man sich später berufen. Ein Anwaltsstudium beinhaltet das Sich-Einprägen einschlägiger Referenzbeispiele.

Unabsichtlich wird dieser Ansatz mitunter von der juristischen auf die moralische Ebene übertragen, frei nach dem Motto: „Was haben andere getan und wie sind sie *damit davongekommen*, ohne die schmerzlichen Konsequenzen tragen zu müssen?", bzw., „Wenn andere das durchgezogen haben, kann ich das auch."

Immer, wenn der Autor ein Seminar für Geistliche, Seelsorger und Pastoren zum Thema Scheidung und Wiederheirat abhielt, waren die Fragen von Berichten über bestimme Umstände geprägt. Das kann manchmal recht langatmig sein und endet meist folgendermaßen: „Was würden Sie in diesem Fall tun?" Ich habe schon vor langem erkannt, dass es immer auf einen Präzedenzfall hinausläuft. Dann kann man sich entweder auf meine Weisheit, meine Erfahrung und auf mein Wissen berufen oder auf die Kenntnis anderer. Man wünscht sich eine Sammlung von Fallbeispielen, die man nach einer ähnlichen Situation durchforsten kann. Wenn man weiß, wie anderswo entschieden wurde, kann man das auf die eigenen pastoralen Probleme übertragen. Es ist viel einfacher, das Vorgehen anderer Leute zu kopieren, als sich selbst eines zu erarbeiten!

So etwas haben die Juden mit Schriften wie dem Midrasch, dem Talmud und den Targumim versucht. Schon zu Jesu Zeiten hatten sie den Sabbat auf Dutzende haarkleine Regeln und sorgfältige Anwendungsvorschriften erweitert. Jesus stufte das als „Traditionen der Menschen" ein. Würden Christen diesem Beispiel folgen, wäre das ein umfangreiches und kostspieliges Unterfangen!

Bei jeder Scheidung gibt es so viele unterschiedliche Faktoren. Wer hat die Initiative ergriffen, der Mann oder die Frau? Waren beide gläubig? Keiner von beiden oder nur einer? Was waren die *wirklichen* Gründe für die Trennung (oft mehr als einer?)? Wer war die unschuldige Partei (nicht so einfach, wie es klingt)? Erfolgte die Scheidung in Unkenntnis oder aus Ungehorsam? Waren Kinder involviert? War es eine erste, zweite oder dritte Ehe? In welchem Alter waren sie? Wie lange ist das her? Haben andere sie unter Druck gesetzt, sich zu trennen oder zusammenzubleiben? Solche und viele andere Fragen könnten dann in Hinblick auf eine Wiederheirat nach einer Scheidung von Bedeutung sein.

Die Komplexität jeder Situation hat einige Seelsorger dazu veranlasst, die Dinge zu „relativieren". Das heißt, sie beurteilen jeden Fall nach seinen eigenen Vorteilen (oder Nachteilen) und empfehlen den Weg, den sie unter den gegebenen Umständen für den besten halten bzw. für das „geringere Übel". Diese flexible Haltung wurde von Fletchers sogenannter „Situationsethik" theologisch untermauert. Dabei gilt die Prämisse, dass die Liebe die einzige „Konstante" im christlichen Verhalten sei. Damit reduziert man Probleme auf die einfache Frage, nämlich die, was die liebevollste Lösung für alle Beteiligten ist. Natürlich kommt es darauf an, was mit „Liebe" gemeint ist! Die Gefahr dieses

Ansatzes besteht darin, dass man sich anstatt auf einer geistlichen Ebene auf einer sentimentalen befindet.

Tatsache ist, dass das Neue Testament keinen einzigen Präzedenzfall enthält, nicht einmal im Falle der Frau am Brunnen in Samaria. Dabei schreit die Situation förmlich nach mehr Information! Daraus können wir schließen, dass Gott gar nicht beabsichtigte, dass wir unser Thema auf diese Art behandeln. Ansonsten hätte er uns einige Beispiele hinterlassen.

Am anderen Ende befinden sich diejenigen, die glauben, dass jede Situation einzigartig und anders ist als alle anderen. Insofern gibt es keine „Formel" für den richtigen Rat, genauso wenig wie es nie eine exakte Parallele gibt, die man ziehen könnte. Was wir brauchen, ist *Weisheit*. Aber es gibt zwei Arten von Weisheit. Die menschliche Weisheit, die von innen kommt, entspringt langjähriger Erfahrung. Sie erwägt für gewöhnlich das Beste, was unter bestimmten Voraussetzungen zu tun ist. Die göttliche Weisheit, die von oben kommt (Jakobus 3,17), kann umgehend als „Wort der Weisheit" (1. Korinther 12,8) weitergegeben werden. Durch sie wird der Blick auf das *Richtige* gelenkt, das bei einer bestimmten Sachlage angebracht ist. Damit stellt sie einen eher unmittelbaren Zusammenhang zu moralischen Grundsätzen her, die – egal in welcher Situation – immer eine Rolle spielen sollten. Sie zu beachten und sie niemals zu übergehen, bedeutet „weise" zu sein. Ansonsten wäre nämlich das Adjektiv „clever" das passendere.

DAS PRINZIP

Für Leute, die bereits geschieden und erneut verheiratet sind, gelten vier solcher „Grundsätze", als da sind: Sünde, Buße, Vergebung und Disziplin. Die ersten drei sind persönliche Angelegenheiten, nur das letzte Prinzip betrifft uns alle.

1. Sünde
Ein Laster ist im Wesentlichen etwas Negatives, das sich gegen

uns selbst richtet. Ein Verbrechen ist in erster Linie etwas, das einem anderem schadet. Eine Sünde ist vor allem ein Vergehen gegenüber Gott. Jeder hat die Wahl, dem eigenen Willen zu folgen, oder sich dem Willen Gottes zu beugen. Wir können seine moralischen Maßstäbe über Bord werfen und unsere eigenen definieren. Das heißt aber auch, dass wir der göttlichen Herrlichkeit in keiner Weise gerecht werden. Wenn man die biblischen Regeln akzeptiert, würde wahrscheinlich niemand der schriftgemäßen Schlussfolgerung widersprechen, dass „keiner gerecht ist, auch nicht einer" (Römer 3,10) und dass „alle gesündigt haben" (Römer 3,23).

Dies zu realisieren, ist für uns keine Selbstverständlichkeit. Wir sind geschickt darin, uns selbst zu entschuldigen (selbstgerecht zu sein) und andere zu beschuldigen. Wir brauchen die Hilfe der Schrift und des Heiligen Geistes, die beide unser Gewissen wecken, damit wir uns das eingestehen (davon überführt werden). Das ist einer der Gründe, warum Gott dem Volk Israel seine Gesetze gegeben hat: „Es ist die klare Kante des Gesetzes, die uns zeigt, wie krumm wir sind" (So übersetzt J. B. Phillips Römer 3,20 in „Briefe an junge Gemeinden" [*Letters to Young Churches*]).

Sünde bedeutet, Gottes Gebote zu brechen. Das siebte der „Zehn" untersagt Ehebruch. Es folgt ein einfacher Syllogismus *[ein aus zwei Prämissen gezogener logischer Schluss; Anm. der Übersetzerin]*:

Ehebruch ist Sünde.

Jesus sagte, dass eine Wiederheirat nach einer Scheidung Ehebruch ist.

Daraus erschließt sich: Folgeehen sind Sünde.

Wir leben allerdings in einem Zeitalter, in dem man zögert, Sünde „Sünde" zu nennen. Der Ausspruch, dass „Menschen „in Sünde zusammenleben" ist „politisch nicht mehr korrekt". Es heißt jetzt, „mit einem Partner zusammenleben". Warum ist „Sünde" eigentlich so anstößig?

Zum einen erinnert sie uns an Gott. Es ist eines von seinen

Worten, nicht eines aus unserem Wortschatz. Wir erachten menschliche Makel als Schwächen oder Fehler. Er hält sie für Sünden, die sich gegen ihn und seine Schöpfung richten.

Zum anderen deutet sie auf das bevorstehende Gericht hin. Eines Tages werden wir uns wegen unserer Sünden verantworten müssen. Weil Gott ein gerechter Gott ist, kann er gar nicht anders, als Sünder zu bestrafen. Dieses Denken wird jedoch mittlerweile nicht mehr toleriert. „Rehabilitation" hat die Maxime der „Vergeltung" abgelöst, ausgenommen bei extrem unmenschlichen Verbrechen. „Offene Gefängnisse" (mutmaßlich ein Oxymoron *[Wortverbindung von zwei entgegengesetzten Begrifflichkeiten; Anm. der Übersetzerin]*) ähneln zunehmend Ferienlagern mit Vollpension. Und was ist mit der ewigen Verdammnis? Wie könnte selbst der schlimmste Sünder so etwas überhaupt verdienen?

Etwas „sündhaft" zu nennen, ist folglich anstößig. Doch solange unser Lebenswandel von uns nicht als solcher erkannt wird, ist das Evangelium nutzlos. Es kann nicht geschätzt werden. Denn es übermittelt uns zuerst eine schlechte Nachricht, bevor es eine frohe Botschaft für uns hat (Römer 1-3 kommt vor den anderen Kapiteln.). Nur, wenn wir dieses erste Prinzip verstanden haben, können wir zum zweiten übergehen:

2. Buße
Im Namen der sogenannten „Freien Gnade" lehrt so mancher heutzutage, dass Buße weder für das Heil noch für die Vergebung von Sünden wesentlich ist. Die hervorgehobene Stellung der Buße im Neuen Testament müsste diese Leute eigentlich stutzig machen! Sowohl Johannes der Täufer als auch sein Cousin Jesus riefen die Menschen auf, „Buße zu tun und zu glauben". Auch in der ersten Predigt von Petrus am Pfingsttag ging es darum, dass die Zuhörer „Buße tun und sich taufen lassen". Paulus kündigte später den Athenern an, dass Gott nun allen Menschen auf der ganzen Welt gebot, Buße zu tun.

Aber was bedeutet „Buße tun" eigentlich? Es ist etwas, das im *Denken* beginnt. Buchstäblich ist es eine Änderung der Gesinnung („Repent" im Englischen zeigt das gut: „re" = zurück und „pent" bzw. „pensive" = nachdenklich.). Sünden aus Gottes Sicht zu sehen und Sünden so zu hassen, wie er sie hasst, ist eine radikale Veränderung der Sichtweise. Diese Überzeugung führt zur Beichte, bei der Trauer und Bedauern mit *Worten* ausgedrückt werden. Aber Buße ist mehr als nur ein Gefühl oder gar eine Entschuldigung. Um echt und wahrhaft zu sein, wird sich der Lebensstil ändern, was sich im *Handeln* zeigt. Johannes der Täufer forderte „Früchte, die der Buße würdig sind" und gab dafür praktische Beispiele (Lukas 3,7-14). Paulus erwartete von seinen Bekehrten, dass sie ihre Buße durch ihre Werke zum Ausdruck bringen (Apostelgeschichte 26,20). Wünschenswert wäre, dass alle Evangelisten von heute das auch zur Bedingung machten!

Glaube ohne Werke ist tot und kann niemanden retten (Jakobus 2,14-26). Das Gleiche gilt für die Buße. Beides erfordert *Taten*. Buße bedeutet eine Richtungsänderung im Leben, eine Kehrtwendung, weg von der Sünde hin zu Gott. Die dazugehörigen Maßnahmen sind nicht nur positiv, sondern auch negativ.

Taten der Buße im Positiven bestehen darin, alles richtig zu stellen, was in Ordnung gebracht werden muss. Man nennt das „Wiedergutmachung". Sie reicht von Entschuldigungen bei Menschen, die man verletzt hat, über Schuldentilgung bis zu Schuldbekenntnissen bei der Polizei. So etwas befriedet nicht nur das Gewissen, sondern sorgt obendrein für Freude im Herzen.

Handlungen der Buße im negativen Sinne sind Verzicht und Reformation. Das bedeutet, alles Negative zu lassen, beginnend bei schlechten Gewohnheiten bis hin zu falschen Beziehungen. Wer zweifelt, ob er das kann, wird feststellen, dass Gott ihm die Kraft gibt, es umzusetzen. Vorausgesetzt, jemand teilt den Hass Gottes auf die Sünde, wird er ihm „die Umkehr gewähren" (Apostelgeschichte 11,18). Die Begriffsdefinition von Buße, die ein Schuljunge einst aufstelle, trifft den Kern: „Buße tun heißt, dass einem etwas so leidtut, dass man es lässt."

Das Neue Testament enthält eindringliche Warnungen an all diejenigen, die ihr sündhaftes Verhalten mutwillig weiterführen, nachdem sie „die Wahrheit erkennen durften" (Hebräer 10,20-31 ist nur eine von vielen Textstellen.). Die Appelle sind unmissverständlich formuliert: Für vorsätzlichen Ungehorsam sei kein Opfer mehr übrig (Hier schwingt das levitische Sühneopfer mit, das nur für „ungewollte" Sünden dargebracht werden konnte; 3. Mose 4,2, 13, 22, 27.). So würde der Sohn Gottes „mit Füßen getreten" und der Geist der Gnade geschmäht. Das sind verheerende Auswirkungen, die natürlich Konsequenzen nach sich ziehen. Es ist zu befürchten, „in die Hände des lebendigen Gottes zu fallen" und dem „verzehrenden Feuer" ausgeliefert zu werden, das all jene verschlingt, die seine Großzügigkeit missbrauchen.

Damit kommen wir zum springenden Punkt des vorliegenden Problems. Was können bereits Geschiedene und Wiederverheiratete nun *tun*? Bei jeder anderen Sünde gibt es eine einfache Antwort – seinlassen. Nehmen wir das achte Gebot: „Du sollst nicht stehlen." Es steht gleich neben dem, das den Ehebruch verbietet. Das Neue Testament bekräftigt das Verbot: „Wer bisher ein Dieb gewesen ist, *soll aufhören* zu stehlen" (Epheser 4,28). Beide wurden in einer Zeit verfasst, bevor es überhaupt Wohlfahrtsstaaten gab. Damals waren arme Familien vor die Wahl gestellt: stehlen oder hungern oder schlimmer noch, stehlen oder zusehen, wie die eigenen Kinder verhungern. Viele Eltern haben sich trotz schwerer Strafen für den Diebstahl entschieden (In England ist es noch gar nicht so lange her, dass man gehängt wurde, weil man Brot gestohlen hatte.). Damit ein Gläubiger das Gebet sprechen konnte, das Jesus seinen Jüngern beigebracht hat („Gib uns unser tägliches Brot heute."), bedurfte es eines viel tieferen Glaubens als in unserer zivilisierten Welt. Das ist in vielen anderen Gebieten der Welt heute noch so. Aber allen Gläubigen ist das Stehlen verboten, egal ob reich oder arm. Geldverdienen ist hingegen angesagt, hoffentlich genug für einen Lebenswandel, der auch das Geben beinhaltet, anstatt nur zu nehmen (wieder Epheser 4,28).

Dennoch haben christliche Leiter eine merkliche Abneigung, dieselbe Logik auf eine „ehebrecherische" Beziehung von wiederverheirateten Geschiedenen anzuwenden. Komischerweise würden viele nicht zögern, radikal gegen Gläubige vorzugehen, die Ehebruch begehen. Ihnen würde man nahelegen, sofort damit aufzuhören und zum Ehepartner zurückzukehren. Nur, weil Scheidung und Wiederheirat rechtlich legal sind, hat sich die Sachlage aus der Sicht des Herrn allem Anschein nach geändert und es gibt eine Abart des Ehebruchs, die scheinbar nicht gestoppt werden muss.

Zumindest müssen sich solche Paare *absolut* sicher sein, dass der Herr ihnen erlaubt hat, „weiterhin in Sünde zu leben". Der Autor wurde mehrmals mit der Behauptung konfrontiert, dass „spezielle Offenbarungen" manche Menschen von der Lehre des Herrn freisetzen. Einige haben mir sogar vor ihrer Scheidung erklärt, dass der Herr ihnen gesagt hätte, sie sollen ihre Frau verlassen, um eine andere zu heiraten, die im Dienst eine bessere Hilfe sei. Doch meine Antwort war: „Ich weiß nicht, wofür ich das halten soll, für Quatsch oder für Gotteslästerung." Ich bin bereit zu glauben, dass der Gott, der die Regeln macht, über ihnen steht und sie ändern kann. Aber ich bin äußerst skeptisch, wenn seine Freiheit, so etwas zu tun, haargenau unsere eigenen Vorstellungen und Wünschen trifft!

Jedes Ehepaar, das ich seelsorgerisch betreut habe, hatte sich selbst eingeredet, es sei in den Augen des Herrn eine „Ausnahme", entweder aufgrund einer biblischen oder einer individuellen Erkenntnis. Die Folge war, dass die Ausnahmen zur Regel wurden. Das, was Jesus einer Minderheit zugestand, wurde jetzt mehrheitsfähig. Wir müssen uns also dem dritten Grundsatz zuwenden, der in Bezug auf die gegenwärtige Situation, in der Anwendung am schwierigsten ist.

3. Vergebung

Es ist die wundervollste Wahrheit, dass Gott selbst bereit ist, uns unsere Sünden zu vergeben und sie zu vergessen. Er tilgt sie aus seinen Büchern, nimmt sie von uns weg, so weit wie der Osten vom Westen entfernt ist und begräbt sie in der tiefsten See. Um dieses Wunder zu beschreiben, überschlagen sich die Worte in der Schrift nahezu.

Was jedoch leicht vergessen wird, ist, dass es für einen guten Gott völlig unmoralisch wäre, so etwas zu tun, es sei denn, der Preis für unsere Sünden wäre bereits bezahlt und seine Gerechtigkeit erfüllt worden – von jemandem, der das in unserem Namen tat. Genau deswegen sandte er seinen eigenen Sohn. Er sollte die schlimmste Strafe erleiden, die man sich je für Fehlverhalten erdacht hatte, die langwierige, demütigende und „qualvolle" Hinrichtung durch eine Kreuzigung. Jeder Akt göttlicher Vergebung geschieht durch das Blut Jesu. Für uns ist die Gnade umsonst. Er aber zahlte teuer dafür.

Es kann nicht entschieden genug gesagt werden, dass weder Scheidung noch Wiederheirat unentschuldbar sind, obwohl Christen schon unterstellt worden ist, sie so einzustufen. Es gibt eine einzige „unverzeihliche" Sünde, nämlich, das Werk Gottes als das Werk des Teufels auszugeben und gut böse zu nennen (und umgekehrt?), auf dass keiner mehr den Unterschied erkennen kann (siehe Matthäus 12,22-32). Deshalb ist es wichtig, geschiedenen und neu verheirateten Paaren zu versichern, dass sie die volle und endgültige Vergebung in Anspruch nehmen können, so, als wäre nie etwas passiert!

Offensichtlich wird kaum gezögert, dieses Prinzip anzuwenden. Seelsorger scheinen nur allzu bemüht zu sein, denen, deren Gewissen belastet ist, diesen Trost zu spenden. Das geschieht im Namen der Liebe Gottes und der Barmherzigkeit Jesu. Beides ist Teil der Wahrheit, aber nicht die ganze. Wer beides überbetont – dafür aber andere Wahrheiten unter den Tisch fallen lässt – macht gewöhnlich zwei Fehler:

Erstens, Vergebung *wird abgetrennt*, zum einen von der Sünde, die wir schon erwähnt haben, zum anderen von der Heiligkeit, die ebenfalls ein wesentlicher Bestandteil der Fülle des Evangeliums ist. Vergebung ist nicht das Ziel. Sie ist der Weg zum Ziel. Indem die Vergebung uns die Versöhnung mit Gott ermöglicht, schafft sie die Grundlage, um heilig zu sein, wie er heilig ist (Das ist aber kein Automatismus.). Lassen Sie es uns theologisch ausdrücken: Gerechtigkeit soll zur Heiligung führen. Die wiederum bringt Herrlichkeit hervor. Die ist das eigentliche Endziel unserer Erlösung. Wer das richtig versteht und anwendet, sieht Vergebung also nur als den Anfang unserer „Errettung". Es ist ein Prozess, der eine Menge nach sich zieht, bis er endlich abgeschlossen ist.

Zweitens, Vergebung wird *bedingungslos*. Das Adjektiv ist zwar nirgendwo in der Bibel zu finden, wird aber in den letzten Jahrzehnten mit der Liebe Gottes und mit seiner Vergebung untrennbar in Verbindung gebracht. Das bedeutet, dass wir nichts tun können, um sie uns zu verdienen (Das stimmt.), und dass wir nichts tun müssen, um sie anzunehmen (Das stimmt nicht.). Vergebung wird nicht einfach so auf dem Tablett serviert, völlig ungeachtet der menschlichen Reaktion. Ansonsten würde niemand je in die Hölle „geworfen" (Das Bibelwort „geworfen werden" beschreibt, dass etwas wie Müll weggeschmissen wird.). Das Höllenfeuer wäre somit gar keine tatsächliche Bedrohung mehr.

An diesem Punkt scheint es an der Zeit, den vierten Grundsatz, den es zu beachten gilt, einzuführen.

4. *Disziplin*

Es wurde bereits erwähnt, was Gemeinden in ihrer allgemeinen Lehre *vermitteln* sollten. Aber es gibt noch einen weiteren Aspekt, der zu berücksichtigen ist, nämlich, wie sie in bestimmten Fällen *handeln* sollten.

„Disziplin" galt früher neben der Verkündigung des Wortes und der Austeilung der Sakramente als eines der wesentlichen

Merkmale der wahren Kirche. Das reichte von der Aufnahme bis zum Ausschluss (Exkommunikation). Doch auch dazwischen gab es eine ganze Menge (z.B. Tadel). Die Gemeinde ist eine Familie, die in der Verantwortung steht, ihre „Kinder" zu disziplinieren. Das ist nur möglich, wenn die „Eltern" selbst diszipliniert sind.

Heutzutage ergreifen nur wenige Gemeinden disziplinarische Maßnahmen gegenüber ihren Mitgliedern, besonders im „Westen". Viele zeitgenössische Gemeinschaften kennen gar keine reguläre Mitgliedschaft, d.h., sie nehmen weder jemanden auf, noch schließen sie jemanden aus. Das Abendmahl steht jedem offen. Eine wachsende Zahl von Gläubigen ist weit davon entfernt, sich der Fürsorge von Ältesten zu unterstellen. Das alles ist Teil eines weitreichenden Individualismus, der den Glauben als absolute Privatsache erachtet. „Welches Recht hat jemand, mir zu sagen, was ich zu tun habe?"

Das Neue Testament gibt uns Orientierung für unser gemeinschaftliches und individuelles Leben. Nehmen wir ein Beispiel: der sexuelle Exzess in Korinth. Es war ein öffentlicher Skandal, der die Kirche und das von ihr gepredigte Evangelium in Verruf zu bringen drohte. Ein Mann führte eine inzestuöse Beziehung mit seiner Mutter (oder mit seiner Stiefmutter). Paulus wäre persönlich eingeschritten. Aber er nahm die Gemeinde in die Pflicht, und zwar die gesamte, nicht nur die Ältesten (Das ist ein entscheidender Punkt, um Spannungen zwischen Leitern und Mitgliedern zu vermeiden.). Paulus sagte ihnen, was zu tun sei, „wenn sie im Namen des Herrn Jesus Christus zusammenkamen", nämlich, „diesen Mann dem Satan übergeben", damit der seinen Leib töten und sein sündiges Leben beenden konnte, aber sein Geist vor dem zukünftigen Gericht bewahrt bliebe (Jede Disziplinierung zielt darauf ab, erlösend zu wirken.). Von alledem wird uns in der Schrift berichtet (1. Korinther 5,1-12). Hinzu kommen noch Anweisungen allgemeiner Art, wie eine Gemeinde zum Beispiel mit Gläubigen umgehen sollte, die entweder auf sexueller Ebene unmoralisch sind, bzw. gierig, Götzendiener,

Verleumder, Trinker oder Schwindler. Die anderen sollten sich nicht einmal auf sie einlassen, vor allem nicht mit ihnen essen. Unter Berufung auf 5. Mose (17,7; 19,9; 22,21, 24; 24,7) plädiert Paulus dafür, dass eine Gemeinschaft die Bösen „ausschließt". Für manche Kirchen würde sich daraus eine erhebliche Reduzierung ergeben! In Korinth nahm die Geschichte eine interessante Wendung (2. Korinther 2,5-11). Das „bestrafte" Mitglied kam zur Besinnung und tat Buße. Paulus belehrt sie, dass der Mann zwar von der „Mehrheit" ausgeschlossen worden war (Das Ganze muss demzufolge bei einer Mitgliederversammlung zur Abstimmung gestanden haben.), nun müssten ihm aber alle vergeben und ihn wieder in die Gemeinde aufnehmen.

Wie viele Kirchengemeinden würden dieses Verfahren heute noch anwenden? Der Autor erinnert sich an eine Predigtreise in ein anderes Land, wo er zwei Gemeinden besuchte, die jeweils tausende von Mitgliedern hatten. Der erste Pastor der einen Gemeinde wollte zu der Zeit seine dritte Frau ehelichen, nachdem er bereits zweimal geschieden war. Der Pastor und die Ältesten der anderen waren hingegen gerade dabei, eine Frau auszuschließen, die sich zur Scheidung und Wiederheirat entschlossen hatte, obwohl es dafür keine biblische Rechtfertigung gab. Was glauben Sie, hat am meisten Klatsch und Tratsch verursacht und zu einem öffentlichen Skandal geführt, der dem Ansehen der Kirche hätte schaden können? Ja, Sie haben Recht. In was für einer Welt leben wir!

Idealerweise sollte die Gemeinde von Anfang an mit einbezogen werden, wenn etwas schiefläuft. Paare, deren Ehe sich in schwierigen Gewässern befindet, brauchen Unterstützung und Beratung, auch wenn das nicht immer mit Begeisterung aufgenommen wird. Wenn es soweit ist, dass eine Scheidung und eine mögliche Wiederheirat in Betracht gezogen wird, ist der Rat von Ältesten und Älteren der Gemeinschaft dringend notwendig. Der wird aber nicht oft gesucht. Und wenn man vor vollendeten Tatsachen steht, trägt die Gemeinde immer noch die Verantwortung, etwas zu sagen und zu tun. Das wird aber häufig vermieden. In einer säkularen Zeit, in der die Religion Privatsache ist, ist die Kirche versucht, diesem Beispiel zu folgen. Eine Einmischung in private Angelegenheiten wird ihr übelgenommen. Genau durch solche Dinge wird sowohl unser kollektives als auch unser individuelles Bekenntnis zur Schrift auf eine harte Probe gestellt. Und man muss zugeben, dass wir da nicht bravourös dastehen. Vielleicht hilft uns dieses Buch, in Zukunft einiges zu „korrigieren".

In dieser Hinsicht habe ich in England ausschließlich an beiden Enden des Gemeindespektrums Kirchendisziplin erlebt, nämlich unter den Plymouth-Brüdern und bei den Römisch-Katholischen (Doch Letztere haben ihre Position durch die Annullierung der Ehe unter bestimmten Umständen abgeschwächt.). Der anglikanische Kompromiss sieht vor, die Trauung selbst nicht durchzuführen, jedoch die Ehe zu segnen, nachdem sie geschlossen wurde. Das erscheint einem Beobachter als absoluter Widerspruch, wenn nicht gar als Heuchelei. Allerdings beruhigt man damit das Gewissen des Klerus und des betroffenen Paares.

Teil des Problems ist, dass eine gemeinsame Ältestenschaft in vielen Gemeinden fehlt. Versucht nämlich eine Einzelperson, einen Standard zu etablieren, wird sie jede Art der Gegenwehr erfahren. Doch das Grundproblem ist der Mangel an Mut, auch „Nein" zu sagen. Das ist ein Resultat von Menschenfurcht, die größer ist als die Gottesfurcht, sowie von Scheu, jemanden zurechtzuweisen. Wenn eine Gemeinde um ihr Überleben kämpft, wird die Aussicht, verärgerte Mitglieder zu verlieren, zu einer Bedrohung.

Eine Gemeinde, die ihre Maßstäbe senkt, um Leute zu halten, ermutigt undisziplinierte Mitglieder quasi dazu, die eigenen Maßstäbe bezüglich Glaube und Verhalten ebenfalls tiefer anzusetzen. Christus ging genau den anderen Weg: Er befähigte die Menschen, seine hohen und heiligen Standards zu erfüllen. Und genau dazu sind wir auch berufen.

FUSSNOTE DES AUTORS

Dieses Kapitel basiert auf der Annahme, dass Sie als Leser meiner Überzeugung bereits folgen (dass sich „Unzucht" auf voreheliche Promiskuität bezieht, die *zum Zeitpunkt* der Eheschließung aufgedeckt oder offenkundig wurde). Eventuell waren es ja meine Erörterungen, die Sie davon überzeugen konnten. So gesehen kommt die Ausnahme, die Jesus machte, außerhalb des jüdischen Umfelds relativ selten vor. Das bedeutet, dass fast alle Scheidungen und Folgeehen heute vor Gott unrechtmäßig sind. Deshalb ist meine Empfehlung völlig richtig.

Ich erkenne jedoch an, dass die Mehrzahl der Bibelkommentatoren sowie Übersetzer, Prediger und Lehrer, eine gegenteilige Meinung vertreten (dass sich „Unzucht" auf fortwährenden Ehebruch innerhalb der Ehe bezieht). Insofern respektiere ich ihre Interpretation, auch wenn ich sie nicht teilen kann. Aber ich wende mich gegen die Art der Umsetzung (Missbrauch?). Hier wird die Ausnahme nämlich zur Regel gemacht. Ich bestehe darauf, dass äußerste Sorgfalt angewandt wird, um sicherzustellen, dass dies der tatsächliche Grund, der Ausgangspunkt und die Voraussetzung für die Scheidung ist und nicht ein Vorwand oder eine Rationalisierung. Das mag dann für einige Scheidungen gelten. Viele, wenn nicht sogar die meisten, werden aber immer noch unrechtmäßig sein. Und auf sie muss dieses Kapitel gemünzt sein.

Lassen Sie mich den Titel meines Buches vervollständigen: Wiederheirat ist Ehebruch, es sei denn, der Ehegatte ist verstorben. In diesem Fall steht es jedem frei, wieder zu heiraten und von Gott, der Kirche und von allen Christen gesegnet zu werden. Voraussetzung ist nur, man heiratet einen anderen Christen. Das ist alles, was ich dazu zu sagen habe. Das „Nachwort" schildert einfach nur ein weiteres Ereignis aus meiner persönlichen Erfahrung.

Danke, dass Sie das ganze Buch gelesen haben. Möge Gott Sie segnen und Sie zu eigenen Überzeugungen führen, um seines Namens willen. *Amen.*

NACHWORT

„Mr. Pawson, werfen Sie uns etwa vor, wir würden in Sünde leben?" Die herausfordernde Frage kam von einem Ehepaar mittleren Alters, nachdem ich an einem schwülen Sommerabend in einem überfüllten Theater gepredigt hatte.

Es war eine ungewöhnliche Zusammenkunft. Es ist die einzige, an die ich mich erinnere, in der junge Damen mit Tabletts die Gänge herunterkamen und Eiscreme verkauften, während ich sprach. Ich schalt die Gemeinde, dass sie zu Füßen der Göttin Isis anbetete! Dann gab es eine Reihe von Explosionen im Freien. Da es aber keinerlei Warnungen gab, machten wir – nobel wie wir waren – einfach weiter. Erst danach entdeckten wir, dass ein nahegelegenes Lagerhaus voller Farbtöpfe und Fässer in Flammen aufgegangen war. Der Geist hatte mich dazu veranlasst, am Ende meiner Ansprache einen speziellen Altarruf zu machen: Die *Männer* sollten nach vorne kommen, um Heilung zu empfangen. Viele taten das.

Diese Anschuldigung traf mich nun wie ein Schlag. Soweit ich mich erinnere, ging das Gespräch folgendermaßen weiter: Ich sagte ihnen, dass ich sie noch nie zuvor getroffen hatte. Ich kannte sie nicht. Deshalb war ich gar nicht in der Lage, ihnen irgendetwas vorzuwerfen. Daraufhin erhielt ich diese Antwort: „Aber Sie sagten heute Abend, dass jeder, der geschieden und wiederverheiratet ist, Ehebruch begeht. Wir beide sind geschieden und jetzt miteinander verheiratet." Da wurde mir erst bewusst, dass ich vor meiner Predigt das ganze 16. Kapitel des Lukasevangeliums gelesen hatte, einschließlich Vers 18. Ich sagte: „Das war nicht ich, der da sprach. Ich habe nur gelesen, was Jesus sagte."

Dann öffnete ich meine Bibel und ließ mir vom Ehemann vorlesen. Das ist, wie ich herausgefunden habe, eine effektive Methode. Die Aufmerksamkeit wird weg von mir auf das gelenkt, was aus meiner Sicht für jeden Christen das Wichtigste ist, Christus und seine Lehre. Als er fertig war, fragte ich ihn, wie beide seiner Meinung nach im Verhältnis zu dem stünden, was er gerade gelesen hatte. Widerwillig gab er zu: „So gesehen, nehme ich an, wir leben in Sünde." Dann versuchte er sofort, sich herauszureden (Das erinnerte mich an den Mann, der sich in Lukas 10,29 „selbst rechtfertigen" wollte. Tun wir das nicht alle?) Als erstes kam: „Das passierte alles, bevor wir Christen wurden."

Es ist erstaunlich, dass jeder denkt, Sünde sei nicht schlimm, wenn wir uns ihrer nicht bewusst sind. Ich nehme allerdings an, dass er dachte (oder gelehrt worden war?), dass mit der Bekehrung seine ganze Vergangenheit vergeben und vergessen sei. Gewiss, die Strafe mag aus der Welt geschafft sein, aber die Folgen bleiben, wie z.B. unser Familienstand – ledig, verheiratet oder geschieden. Ich versuchte, ihm das alles zu erklären. Er ging jedoch schnell zu einem anderen Thema über: „Hat Jesus keine Ausnahmen gemacht?" (Hatte er davon gehört?)

Ich sagte: „Ja, er hat eine gemacht." Ich wollte wieder, dass er laut vorliest, nämlich Matthäus 19. Danach war er ehrlich genug, zu gestehen, dass nichts davon zutraf. Beide hatten sich scheiden lassen, weil sie sich ineinander verliebt hatten und heiraten wollten.

„Und was machen wir jetzt?"

Ich versicherte ihnen, dass es vorkommt, dass Christen herausfinden, dass etwas, was sie bereits seit langem tun, den Herrn wirklich betrübt. Ich fragte sie, was ihrer Meinung nach jetzt dran sei, wo sie merkten, dass sie gesündigt hatten. Sofort kam die Antwort: „Um Vergebung bitten." „Ja", sagte ich, „das kommt an zweiter Stelle. Aber etwas anderes ist zuerst nötig." Sie kamen nicht selbst drauf, also sagte ich zu ihnen: „Buße."

„Was heißt das?" Ich habe ihnen dann vermittelt, dass es nicht bedeutet, nur zu formulieren, dass man betroffen ist oder dass es einem Leid tut, sondern alles richtigzustellen, was in Ordnung gebracht werden kann. Ich fragte sie, ob sie bereit wären, dem Herrn mitzuteilen, dass sie gewillt seien, alles zu machen, was er ihnen aufträgt, um die Situation aus seiner Sicht zu bereinigen.

Er sah ängstlich aus und fragte: „Aber wird er uns zusammenbleiben lassen?"

Ich antwortete: „Das muss er Ihnen sagen, nicht ich." (Ich glaubte zu wissen, was er zu ihnen sagen würde. Aber ich wollte, dass sie es von ihm hören und nicht von mir, nicht weil ich mich sträubte, es zu sagen, sondern weil ich ihre Beziehung zu Gott als ihrem Herrn stärken wollte.)

Nach einer langen Pause kam eine ganz offene Antwort: „Nein. Aber werden Sie für uns beten?"

Ich sagte: „Es tut mir sehr leid. Aber dies ist ein Gebet, das Sie für sich selbst beten müssen – und zwar, wenn Sie es ernstlich meinen."

An diesem Punkt kehrten sie mir den Rücken. Ich habe seitdem nichts mehr von ihnen gehört oder gesehen. Ein oder zwei Wochen später traf ich jedoch einen Mann, der sich als Pastor ihrer Gemeinde entpuppte. Er begrüßte mich folgendermaßen: „David, du hast keine Ahnung, was du meiner Gemeinde angetan hast." Ich muss zugeben, diese Aussage verunsicherte mich.

Er erzählte mir, dass ihn das Ehepaar, das an jenem Samstagabend im Theater war, am nächsten Sonntag vor dem Gottesdienst angesprochen hatte. Sie fragten, ob sie etwas mit der Gemeinde teilen könnten. Er entgegnete, dass sie die Kanzel und das Mikrophon haben könnten, nachdem er gepredigt hätte. Er ging davon aus, sie wollten Zeugnis geben von dem Segen, den sie am Abend davor empfangen hatten. Allerdings wurden er und alle anderen eiskalt überrascht.

Der Ehemann berichtete, dass weder er noch seine Frau in der Lage gewesen seien, in der Nacht zuvor zu schlafen. Er erklärte auch, warum. Sie hatten mit sich selbst gerungen wegen all dem, was ihnen gesagt worden war. Im Morgengrauen hatten sie sich gemeinsam niedergekniet. Sie teilten dem Herrn mit, dass sie nun so weit seien, gehorsam zu sein und alles zu tun, was er ihnen kundtäte. „Aber", sagte der Ehemann, „es ist schwierig für uns zu hören, was er wirklich will. Denn wir wünschen uns so sehr, dass er uns sagt, dass wir zusammenbleiben können. Bitte könnt ihr alle, unsere Brüder und Schwestern in Christus, ihn in unserem Namen anrufen? Und habt bloß keine Angst, uns weiterzugeben, was immer er euch übermittelt."

„Du glaubst nicht, was dann passierte", fuhr der Pastor fort. „Überall in der Gemeinde brachen Leute in Tränen aus. Dann wurden ungute Beziehungen und andere Sünden gebeichtet. Viele beteten laut. Der Gottesdienst ging stundenlang weiter. Aber Zeit schien keine Rolle zu spielen. Das war fast eine Erweckung." Ich fragte ihn, ob er mich dafür anklage oder ob er mir dankbar sei. Er sagte, es sei alles eine neue Erfahrung für sie und sie wüssten nicht, wie sie damit umgehen sollen. Aber sie seien dem Herrn für alles dankbar. Und nun, lieber Leser, bin ich mir sicher, dass Sie wissen wollen, wie der Herr das Paar angewiesen hat, besonders, wenn Sie dieses Buch herausgepickt haben, weil Sie sich in der gleichen Situation befinden wie die beiden.

Ich weiß es wirklich nicht! Ich vergaß zu fragen. Ich war einfach nur von Dank erfüllt, dass ich dazu beitragen durfte, sie zu aufrichtiger Buße zu führen.

Wenn ich darüber nachdenke, bin ich froh, dass ich es nie erfahren habe. So muss ich es nicht geheim halten. Das wäre nämlich nicht einfach. Würde ich es sagen, würde man einen Präzedenzfall daraus machen. Man würde sich darauf beziehen und das Gleiche tun, so dass es nicht nötig wäre, das Antlitz und den Willen des Herrn für sich selbst zu suchen.

Es würde mich beunruhigen, wenn Sie dieses Buch ohne offene Fragen zurücklassen würde. Für so jemanden wäre ich ein Ersatz für den Herrn. Damit würde ich mich schuldig machen, Sie zum Götzendienst animiert zu haben. Das ist etwas, das die Propheten ebenfalls Ehebruch nennen.

ANHANG

HAT JESUS *IRGENDEINE* „AUSNAHME" GEMACHT?

Nachdem mein Buch veröffentlicht worden war, machte mich ein Leser auf die Forschung eines Cambridge-Gelehrten, Dr. Leslie McFall, aufmerksam. Sein 91 Seiten langes Paper *The Biblical Teaching on Divorce and Remarriage [Die biblische Lehre zu Scheidung und Wiederheirat; Anm. der Übersetzerin]* kann aus dem Internet heruntergeladen werden. Ich wünschte, ich hätte davon gewusst, bevor ich begonnen habe zu schreiben. Er kommt darin zu einem ähnlichen Ergebnis (dass Jesus jede Folgeehe nach einer Scheidung, ja sogar die Scheidung selbst, verbot), aber auf einem anderen Weg. Meine Beweisführung habe ich auf das Wort „Unzucht" gestützt, während er sich auf das Wort „außer" konzentrierte.

Natürlich verfügt niemand über den griechischen Originaltext des Neuen Testaments. Die Fakten müssen deshalb aus späteren handschriftlichen Kopien abgeleitet werden. Davon gibt es heutzutage Tausende. Dr. McFall wies darauf hin, dass in den meisten davon bei Matthäus 19,9 das Wort „außer" gar nicht vorkommt. Vielmehr steht dort die Formulierung „nicht wegen Unzucht".

Die Aussage „nicht" (griechisch: *me*) ist ein Element der Verneinung. Sie beschreibt im Normalfall einen Ausschluss, aber keine Ausnahme. So gesehen widersprach Jesus den anerkannten jüdischen Lehrern seiner Zeit, den Rabbinern Schammai und Hillel. Denn beide gestatteten eine Scheidung aufgrund von Ehebruch (Hillel ließ sogar noch weitere Gründe zu.). Faktisch sagte er also: „Nicht einmal wegen Unzucht." In dem Fall wird jede Art von sexuellem Fehlverhalten miteinbezogen, eben auch Ehebruch.

Das würde das Erstaunen der Jünger in Matthäus 19,10 erklären (Wenn es keinen Ausweg aus der Ehe gibt, sollte man besser die Finger davon lassen!). Es lässt klar erkennen, dass Jesus einen ganz eigenen Standard setzte, der anders und viel strikter war, als der seiner Zeitgenossen. Zudem zeigt es, warum er im Verlauf darauf hinwies, dass die Ehelosigkeit keine geeignete Option sei, außer, man hätte einen Anlass oder ein Ziel, das man damit verfolgt (Verse 11-12).

Das passt auch zu seinem Nein zum Gesetz des Mose (in Vers 8), das Scheidung für zulässig hielt (5. Mose 24,1 und 3), und zu seinem Ja zum Gesetz Gottes (in Vers 4-6), das eine Ehe für unauflöslich und lebenslang erachtete, ausnahmslos (1. Mose 2,24).

Wie kam es also, dass man in Matthäus 19,9 in fast allen Übersetzungen der letzten vierhundert Jahre auf das Wort „außer" (bzw. „es sein denn") stößt?

Das griechische Wörtchen *„me"*, das für „nicht" steht, hat zwei Buchstaben. Doch falls das Wort „wenn" (Griechisch: *„ei"* oder *„ean"*) davor gesetzt wird, dann wird daraus „außer" *(„ei me"* oder *„ean me")*. Das ist ein winziger Zusatz, aber mit durchschlagender Wirkung: Ein klarer Ausschluss verwandelt sich so in eine Ausnahme. Genau diese Änderung hatte man in der griechischen Version des Neuen Testaments vorgenommen. Sie wurde von allen protestantischen Reformatoren und deren Nachfolgern aufgegriffen. Man nahm die Abweichung hin, ohne sie infrage zu stellen, und brachte sie in die Bibelübersetzungen ein.

Ironischerweise war dieser Text im Jahre 1516 von einem römisch-katholischen Priester aus den Niederlanden bearbeitet und veröffentlicht worden. Sein Name war Erasmus. Die Veröffentlichung erschien gerade noch rechtzeitig zur Reformation und löste die offizielle griechische Fassung der römischen Kirche 1522 ab. Als Humanist hatte Erasmus Mitleid mit allen, die ihre Ehe unerträglich fanden. Für sie entdeckte er zwei „Schlupflöcher" im Neuen Testament.

Zum einen machte er Scheidung und Wiederheirat im Falle von sexueller Untreue möglich, indem er das Wort „außer" in Matthäus 19,9 einfügte. So hatte es den Anschein, als stimmte Jesus mit den Rabbinern seiner Zeit überein. Zum anderen gab er einer Scheidung und einer Wiederheirat im Falle der Desertion durch einen nichtchristlichen Partner statt, indem er die Aussage „nicht gebunden" aus 1. Korinther 7,15 thematisch mit dem Ehebund in Zusammenhang stellte, anstatt mit der Knechtschaft der Sklaverei. Obendrein bezog er sie auf die Zukunft, statt auf die Vergangenheit (siehe Kapitel 6, wo dieser zweifache Irrtum entkräftet wird). Bis heute bezeichnet man das als „die Ausnahme nach Erasmus".

Beide Abweichungen von der fünfzehnhundert Jahre alten kirchlichen Lehre und Praxis wurden von den antirömischen protestantischen Reformatoren übernommen und später in Glaubensbekenntnissen verankert, z.B. im *Bekenntnis von Westminster*. Noch folgenschwerer ist jedoch, dass sie in die meisten Übersetzungen der Bibel eingegangen sind, angefangen bei Luther (1545), wo in Matthäus 19,9 „*es sey denn*" anstatt „*nicht*" steht und in 1. Korinther 7,15 „*ist nicht gefangen*" statt „*war nicht versklavt*". An dieser Stelle ist der Leser dazu eingeladen, z.B. die neue Lutherübersetzung mit den griechischen Texten von Nestle-Aland *[wissenschaftliche Standardausgabe des griechischen Neuen Testaments; Anm. der Übersetzerin]* abzugleichen. Jede interlineare *[zwischen den Zeilen eines Ausgangstextes stehende Wort-für-Wort-Übersetzung; Anm. der Übersetzerin]* Ausgabe belegt, dass die Tradition, die sich nach der Zeit von Erasmus entwickelte, den Originaltext einfach überlagerte.

McFall fügt die interessante Information hinzu: Man weiß nicht wirklich, ob die Rabbiner Hillel und Schammai Zeitgenossen Jesu waren. Im Talmud finden sich rückblickende Verweise auf beide. Der wurde allerdings erst später verfasst. Gelehrte sind stets davon ausgegangen, dass Jesus beide kannte, wegen der Aussage *„aus jedem beliebigen Grund"*. Damit hatte sich Hillel bekanntlich gegen Schammai gestellt, der das „Schändliche", von dem 5. Mose 24,1 spricht, ausschließlich als „Ehebruch" interpretierte. Aber es ist viel wahrscheinlicher, dass es Jesus hier gar nicht darum ging, sich mit einer der beiden Seiten dieses rabbinischen Streits solidarisch zu zeigen, sondern, dass er ganz einfach nur seinen eigenen, unabhängigen Standpunkt vertrat.

Was noch fehlt, ist die Meinung des Autors zu McFalls Argumentation. Kurz, sie überzeugt mich nicht. Er behauptet mit Recht, dass die überwiegende Mehrheit der frühen griechischen Manuskripte des Neuen Testaments in Matthäus 19,9 das Wort „außer" bzw. „es sei denn" nicht enthält. Dort heißt es nur: „nicht wegen Unzucht". Aber ob das verneinende „nicht" als „nicht einmal" verstanden werden sollte, darüber muss man diskutieren, meine ich. Die Tatsache, dass in Matthäus 5,32 „außer" (wortgetreu auf Griechisch „abgesehen von") steht, lässt auf eine ähnliche Bedeutung in 19,9 schließen. Es könnte aber auch auf eine Anpassung des zweiten Textes hindeuten, um sich an den ersten anzulehnen. Einer Sache bin ich mir allerdings sicher: Es wäre ein großer Fehler, die eigene Ansicht zu einem so wichtigen Thema an einem einzigen Vers festzumachen, dessen Sinngehalt noch dazu zweideutig ist. Anders gesagt: Ein Vers, der in irgendeiner Weise *undurchschaubar* ist, sollte mit anderen abgeglichen werden, in denen dasselbe Thema *klar formuliert* ist (in diesem Fall mit Markus 10,11-12 und Lukas 16,18).

Einem anderen Argument von McFall stimme ich aber völlig zu: Er verweist auf Schriftstellen, die lehren, dass wir, wenn wir nicht bereit sind, anderen Menschen zu vergeben, nicht erwarten können, dass uns selbst vergeben wird (Matthäus 6,14-15; 18,23-35). Das trifft auch dann zu, wenn sich ein Ehepartner am anderen versündigt, beispielsweise durch Ehebruch. Doch wir müssen einen entscheidenden Satz hinzufügen: „Wenn er sein Unrecht einsieht" (Lukas 17,3). Machen wir es praktisch:

Nicht mehr zusammen zu leben, kann in Ausnahmefällen die einzige Lösung sein (z.B. bei extremem Missbrauch oder bei Grausamkeit). Wer aber seine Rettung in einer Scheidung sucht, kann davon ausgehen, dem Ehegatten früher oder später einmal vorwerfen zu müssen, eine unverzeihliche Sünde begangen zu haben. Die einzige Sünde dieser Art, die in der Bibel genannt wird, hat allerdings nichts mit Sex oder Ehe zu tun (Matthäus 12,32). Insofern bringt man mit einer Scheidung vom Partner die eigene Vergebung in Gefahr. Die Gnade, in der wir stehen, kennt aber keine „unmögliche" Ehe. Die Tür zur Reue, die zur Versöhnung führt, muss unbedingt offengehalten werden. Scheidung und speziell Wiederheirat schließen diese Tür für immer. Dr. McFall und ich sind uns darin einig, dass Scheidung und Wiederheirat dem Willen Gottes entgegenstehen. Das gilt für Gläubige genauso wie für Ungläubige. Wir sind also zum gleichen Ergebnis gekommen, wenn auch auf andere Art.

ENDE